PROBLEMAS RESUELTOS

DE

TEORÍA DE LA DECISIÓN

Federico Garriga Garzón

Problemas resueltos de teoría de la decisión

1a Edición: ©2013 OmniaScience (Omnia Publisher SL)

© Federico Garriga Garzón, 2013

DOI: http://dx.doi.org/10.3926/oss.9

ISBN: 978-84-940624-2-1

DL: B-33104-2012

Diseño cubierta: OmniaScience

Fotografía cubierta: © Jakub Jirsák - Fotolia.com

Impreso por Createspace

Presentación

El presente libro de problemas resueltos de teoría de la decisión no pretende ser una aportación científica al campo de la teoría de la decisión pues todos los conceptos que en él se incorporan están recogidos en excelentes publicaciones sobre el tema. La finalidad de esta publicación es exclusivamente didáctica, y únicamente se justifica por razones pedagógicas.

Ha sido concebido para su utilización por personas con conocimientos de teoría de la decisión y estadística, con la finalidad de facilitar el aprendizaje de los procedimientos de formulación y resolución de problemas de análisis de decisiones, a los estudiantes de dicha materia en las diversas Facultades, Escuelas Técnicas, y Escuelas de Negocios en las que se imparte.

El libro no presenta ninguna estructura predeterminada, los ejercicios no están agrupados siguiendo un criterio predefinido, sino que se concilian ejercicios sencillos con ejercicios complejos con el ánimo de hacer más ameno el estudio, incrementando así el interés por el análisis de los problemas de decisión.

Los ejercicios que integran el libro se fundamentan en de la resolución de los problemas de toma de decisiones primordialmente mediante el uso de árboles de decisión, siendo el enfoque expuesto marcadamente práctico.

La publicación no es exclusivamente un libro de ejercicios resueltos de teoría de la decisión para estudiantes, sino una metodología que facilite la toma de decisiones a los directivos así como a toda aquella persona que en algún momento de su vida deba tomar una decisión. Por ello, resulta de enorme interés tanto para estudiantes como para directivos, así como para cualquier persona que a lo largo de su vida requerirá tomar decisiones que afectarán el transcurso de la misma.

Capítulo 1

Enunciado de los problemas

Ejercicio 1

Una empresa compra la materia prima a dos proveedores A y B, cuya calidad se muestra en la tabla siguiente:

Piezas defectuosas	Probabilidad para el proveedor A	Probabilidad para el proveedor B
1%	0.80	0.40
2%	0.10	0.30
3%	0.10	0.30

La probabilidad de recibir un lote del proveedor A en el que haya un 1% de piezas defectuosas es del 70%. Los pedidos que realiza la empresa ascienden a 1.000 piezas. Una pieza defectuosa puede ser reparada por 1 euro. Si bien tal y como indica la tabla la calidad del proveedor B es menor, éste está dispuesto a vender las 1.000 piezas por 10 euros menos que el proveedor A. Indique el proveedor que debe utilizar.

Solución en página 15

Ejercicio 2

Se está planteando construir una nueva sección en su negocio de comida rápida, si bien no sabe si hacer la nueva sección grande o pequeña. Al mismo tiempo se plantea si reúne información sobre las ventas previstas o si por el contrario no hace nada. La información sobre las ventas previstas puede aconsejarle un mercado creciente o un mercado decreciente, siendo de 500 euros el coste de dicha información, y la probabilidad de que la información sea favorable del 60%. Si el mercado es creciente las ganancias previstas son de 9.000 euros si la sección es grande y 3.000 si es pequeña. Si el mercado es decreciente puede perder 10.000 euros si la sección es grande y 5.000 si es pequeña. Si no reúne información adicional, la estimación de probabilidades de que el mercado sea creciente es del 60%, contrariamente un informe favorable incrementaría la probabilidad de un mercado creciente al 80% y un informe desfavorable disminuiría la probabilidad de un mercado creciente al 40%. Indique la decisión que debe tomar.

Solución en página 21

Ejercicio 3

Un empresario adquiere pescado fresco en el mercado central para su posterior venta. Cada caja de pescado la identifica como excelente o no excelente en función del porcentaje de pescado que se considere de calidad excelente. Una caja de pescado excelente contiene un 90% de pescado de alta calidad, mientras que una caja de pescado no excelente contiene solo un 20% de pescado de alta calidad. Una caja de de pescado excelente genera un beneficio de 100 euros, mientras que una caja de pescado no excelente causa unas pérdidas de 100 euros por la mala imagen de la empresa que se llevan los clientes. Antes de comprar una caja el empresario puede comprobar la calidad de la misma extrayendo un ejemplar de pescado con el objetivo de verificar si se trata o no de pescado de alta calidad. Establezca la estrategia que debe seguir el empresario, así como el coste de la información.

Solución en página 27

Ejercicio 4

El gerente de una empresa tiene dos diseños posibles para su nueva línea de cerebros electrónicos, la primera opción tiene un 80% de probabilidades de producir el 70% de cerebros electrónicos buenos y un 20% de probabilidades de producir el 50% de cerebros electrónicos buenos, siendo el coste de este diseño de 450.000 de euros. La segunda opción tiene una probabilidad del 70% de producir el 70% de cerebros electrónicos buenos y una probabilidad del 30% de producir el 50% de cerebros electrónicos buenos, el coste de este diseño asciende a 600.000 euros. El coste de cada cerebro electrónico es de 100 euros, si es bueno se vende por 250 euros, mientras que si es malo no tiene ningún valor. Conociendo que la previsión es de fabricar 50.000 cerebros electrónicos, decida el diseño que debe elegir el gerente de la empresa.

Solución en página 35

Ejercicio 5

Un establecimiento comercial está analizando la posibilidad de realizar los pedidos de un determinado producto con un mes de antelación, con la finalidad de evitar roturas de inventario. Si realiza pedido con un mes de anticipación el coste por unidad de producto es de 50 euros, por el contrario, si la demanda de dicho producto durante el mes excede el número de unidades en almacén, debe ordenar las unidades necesarias a un coste de 100 euros por unidad. La tabla muestra la demanda mensual de dicho producto durante los tres últimos años:

Demanda (unidades)	Frecuencia (meses)
10	20
20	12
30	8

Sugiera la política de pedidos para la empresa así como el coste de la misma.

Solución en página 39

Ejercicio 6

Una empresa fabricante de componentes electrónicos está estudiando cuatro posibilidades de expansión de su capacidad productiva: construir una nueva planta en Brasil, una joint-venture en China, ampliar su planta de España o construir una nueva planta en Alemania. Los beneficios estimados durante los próximos años para cada alternativa se muestran en la tabla siguiente en función de la demanda.

	Incremento de la demanda del		Demanda constante	Disminución de la demanda en
	30%	20%		5%
Brasil	1.000	900	600	400
China	1.300	1.100	700	300
España	1.200	1.400	600	-100
Alemania	1.000	900	700	700

1. Formule la decisión óptima siguiendo el criterio optimista, el pesimista, y el de Laplace.

2. Establezca la decisión óptima, si se considera que la probabilidad de que la demanda se incremente un 30% es del 20%, de que aumente un 20% es del 30%, de que se mantenga es del 40% y de que se reduzca de un 10%.

Solución en página 45

Ejercicio 7

Para hacer frente a las ventas una empresa puede tomar las siguientes acciones: hacer horas extras, contratar mano de obra, alquilar maquinaria, e incluso puede no tomar ninguna acción. Las ventas por su parte pueden ser crecientes o decrecientes, siendo p la probabilidad de que las ventas sean crecientes. A tenor de un estudio realizado por la propia empresa, los beneficios esperados en cada caso se muestran en la tabla siguiente en miles de euros:

	Ventas crecientes	Ventas decrecientes
Horas extras	500	100
Contratar mano de obra	700	0
Alquilar maquinaria	900	-100
No tomar ninguna acción	400	200

Halle los valores de la probabilidad p por los que decidirá hacer horas extras, contratar mano de obra, alquilar maquinaria, o no tomar ninguna acción, respectivamente.

Solución en página 49

Ejercicio 8

Una empresa de aviónica está investigando la posibilidad de fabricar y comercializar un nuevo microprocesador dotado de inteligencia casi natural para los aviones del futuro. El proyecto requiere la compra de un sofisticado centro de supercomputación, o bien la contratación de más ingenieros, obviamente la empresa se reserva la opción de no desarrollar el producto. El nuevo producto puede tener una acogida favorable o desfavorable en el mercado, con una acogida favorable en el mercado las ventas estimadas alcanzarían los 50.000 microprocesadores, por el contrario, si la acogida del mercado no fuese favorable las ventas estimadas serían de 20.000 microprocesadores. El precio de venta de los microprocesadores es de 200 euros cada unidad. El coste del centro de supercomputación es de 2.000.000 de euros, mientras que el de contratar y formar a los nuevos ingenieros asciende a 1.000.000 de euros. El coste de fabricación previsto es de 40 euros cada unidad si se fabrica sin la ayuda del centro de supercomputación, y de 10 euros si se fabrica con dicha ayuda. La probabilidad de que el nuevo microprocesador reciba una acogida favorable por parte del mercado es del 50%.

1. Sugiera la decisión que debe tomar la dirección de la empresa en base a la aplicación del criterio del valor esperado.

2. Determine para qué rango de probabilidades de mercado favorable debe comprar el centro de supercomputación.

3. Se han definido las ventas favorables como las que alcancen las 50.000 unidades. Es probable que dicha cifra sea demasiado optimista, halle el valor por el que cambiaría su decisión y contrataría más ingenieros.

Solución en página 53

Ejercicio 9

El departamento de I + D de una pequeña empresa está desarrollando un nuevo producto. El gerente de la empresa puede: vender dicho producto a una gran compañía multinacional por 100 millones de euros, poner en marcha una prueba de mercado antes de tomar una decisión, o bien, adelantar la campaña de marketing del nuevo producto con la finalidad de adelantarse a la competencia, confiando en que el desarrollo del mismo culminará con éxito.

Las pruebas de mercado del producto ascienden a 8 millones de euros, existiendo un 60% de probabilidades de que los resultados de las mismas sean favorables, en cuyo caso se estima que valor del nuevo producto asciende a 40 millones de euros. En caso de un resultado desfavorable pueden encontrase aplicaciones alternativas para el producto en uno de cada cinco casos, si bien el valor del mismo se reduce a 20 millones de euros.

En caso de que el resultado de las pruebas de mercado sea favorable, la probabilidad de que el producto tenga una buena acogida por parte de los clientes es tan solo del 60%. Si se opta por comercializar el producto, los gastos de comercialización ascienden a 5 millones de euros.

La posibilidad de que el gerente adopte la tercera alternativa, adelantar la campaña de marketing del nuevo producto, se estiman en una entre cuatro. Sin embargo, los resultados esperados si hiciera esto con éxito son de ciento sesenta millones de euros. En caso de resultado desfavorable de las pruebas de mercado como siempre, existe la posibilidad de encontrar aplicaciones alternativas para el producto en uno de cada cinco casos, en cuyo caso el valor del mismo es de 80 millones de euros.

Esta tercera alternativa requiere llevar a cabo las pruebas de mercado así como la comercialización del producto, tanto sí el producto tiene éxito como sino. Indique la decisión que deberá tomar el gerente de la empresa.

Solución en página 61

Ejercicio 10

Una empresa cuyo objeto es la venta de coches de segunda mano cobra un 10% de comisión sobre las ventas. Dicha empresa ha recibido el pedido de un cliente de vender tres automóviles de su propiedad, el primero de ellos un flamante utilitario valorado en 10.000 euros, el segundo un deportivo valorado en 60.000 euros y el tercero un vehículo todoterreno 4x4 Turbo casi nuevo cuya valoración asciende a 100.000 euros. Las cláusulas pactadas en el pedido entre el cliente y la empresa establecen que obligatoriamente el utilitario debe ser vendido primero en el plazo de un mes, en caso contrario queda anulado el pedido. Vendido el utilitario, la empresa puede optar por vender el deportivo, el todoterreno, o cancelar el pedido. Por último, una vez vendido el segundo vehículo, la empresa podrá cancelar el pedido o vender el tercer coche. Los gastos de publicidad que estima la empresa serán necesarios para vender dichos automóviles así como la probabilidad de vender cada uno de ellos, vienen dados en la tabla siguiente:

	Gastos publicidad	Probabilidad
Utilitario	3.000 euros	40%
Deportivo	1.000 euros	80%
Todo terreno 4x4 Turbo	2.000 euros	60%

Determine si el gerente de la empresa debe o no aceptar el pedido que le formaliza el cliente.

Solución en página 67

Ejercicio 11

El gerente de la empresa dedicada a la venta de coches de segunda mano del ejercicio anterior, conoce a un importante piloto de carreras que puede proporcionarle información cien por cien fiable de los automóviles que conseguirá vender, así como el orden en que logrará dichas ventas. Calcule lo que el gerente estaría dispuesto a pagar al piloto por proporcionarle dicha información.

Solución en página 75

Ejercicio 12

El gerente de la empresa dedicada a la venta de coches de segunda mano del ejercicio número 10, está interesado en estudiar si vale la pena proponer a su cliente, que una vez vendido el utilitario le permita vender el deportivo y el todoterreno 4x4 turbo simultáneamente, en lugar de primero vender uno y después el otro, tal como especifica el pedido.

Solución en página 81

Ejercicio 13

El director de un restaurante de comida lenta está estudiando la posibilidad de ampliar su negocio, para ello está dispuesto a llevar a cabo las reformas que sean necesarias. En concreto está analizando tres mejoras posibles, la primera consistiría en ofrecer además del servicio de restauración, un nuevo servicio como hostal con un total de 8 habitaciones con baño. La segunda mejora se limita a incrementar el número de mesas del restaurante, para ello tiene la posibilidad de usar el segundo piso del local que está ocupando en la actualidad. La tercera mejora se resumiría en dejarlo todo intacto tal como está ahora el restaurante. La tabla siguiente muestra los beneficios que estima el director para cada una de las tres posibles mejoras, así como las probabilidades *a priori* de que la demanda sea alta o media, según la mejora que ponga en marcha:

Mejora	Demanda Alta	p	Demanda media	p
1	200.000 euros	0.6	70.000 euros	0.4
2	180.000 euros	0.4	160.000 euros	0.6
3	150.000 euros	0.2	140.000 euros	0.8

Solución en página 87

Ejercicio 14

Una empresa está estudiando la construcción de una nueva fábrica que le permita incrementar su capacidad productiva para hacer frente al incremento de la demanda previsto para los próximos años. Las alternativas de localización de la misma son las ciudades de Sevilla, Soria, Valencia, y Orense. Los beneficios estimados para cada alternativa a lo largo de los próximos años se recogen en la tabla.

	Incremento de la demanda		
	Moderado	Elevado	Muy elevado
Sevilla	100.000	400.000	650.000
Soria	140.000	350.000	450.000
Valencia	150.000	570.000	1.000.000
Orense	200.000	500.000	950.000

Determine la ubicación óptima de la nueva planta:

1. Siguiendo los criterios optimista, pesimista y Laplace.

2. Si la probabilidad de un incremento moderado de la demanda es del 60%, de un incremento elevado es del 30%, y de un incremento muy elevado es del 10%.

Solución en página 91

Ejercicio 15

Una empresa, con el fin de fabricar una nueva línea de productos, está analizando la reforma de su planta actual. La demanda de la nueva línea de productos puede ser favorable o desfavorable. Si la empresa efectúa una reforma profunda de la planta actual, el beneficio estimado en el caso de que la demanda de la nueva línea de productos sea favorable es de 500.000 euros, mientras que si la demanda es desfavorable el beneficio estimado asciende tan solo a 100.000 euros. En el caso de que la reforma que se efectúe en la planta sea moderada, si la demanda es favorable se estiman unos beneficios de 400.000 euros, mientras que si es desfavorable los beneficios estimados son de 250.000 euros. La probabilidad *a priori* de que la demanda sea favorable o desfavorable es la misma. Obviamente, ni que decir tiene, que la empresa tiene la opción de no poner en marcha la nueva línea de productos.

1. Determine la decisión que debe tomar el empresario.

2. Antes de tomar su decisión, el empresario puede obtener información adicional contratando una firma de investigación de mercado para llevar a cabo un estudio de la demanda. ¿Cuánto estaría dispuesto a pagar por la información exacta?

Solución en página 95

Ejercicio 16

El departamento de investigación y desarrollo de una empresa pretende diseñar un nuevo sistema de comunicación, para ello puede adoptar tres estrategias posibles de diseño. Cuanto mejor sea la estrategia de diseño menor será el coste variable, según el responsable del departamento de investigación y desarrollo, la estimación de costes para cada una de las estrategias es la siguiente:

Estrategia basada en baja tecnología y costes reducidos, consistente en contratar a ingenieros becarios en prácticas. Esta opción tiene un coste fijo de 10.000 euros y unos costes variables unitarios de 1,7, 1,6 y 1,5 euros, con unas probabilidades del 40%, 35%, y 25%, respectivamente.

La segunda estrategia se fundamenta en la subcontratación, recurriendo a personal externo cualificado de alta calidad, lo que conduce a unos costes fijos de 100.000 euros y unos costes variables unitarios de 1,4, 1,3 y 1,2 euros, con unas probabilidades del 60%, 25%, y 15%, respectivamente.

Por último, la tercera estrategia se apoya en alta tecnología, para ello se utilizará el mejor personal de la empresa así como la última tecnología en diseño asistido por computador electrónico. Este enfoque tiene un coste fijo de 250.000 euros y unos costes variables unitarios de 1,1 y 1 euro, con unas probabilidades del 75% y 25%, respectivamente.

Conociendo que la demanda prevista es de 500.000 unidades, determine la decisión que deberá adoptar el responsable del departamento de investigación y desarrollo.

Solución en página 105

Ejercicio 17

Una empresa está estudiando la compra de unos terrenos en los que es probable que haya gas. Si encuentra gas, la empresa podrá enajenar los terrenos obteniendo un beneficio de 125.000.000 de euros, o bien explotarlos ella misma en cuyo caso los beneficios dependerán de la demanda, si ésta es alta los beneficios serán de 200.000.000 de euros, en caso contrario, si la demanda es baja los beneficios solo alcanzarán los 75.000.000 de euros. La probabilidad *a priori* de que la demanda sea alta o baja, es exactamente la misma. En el caso de no encontrar gas en dichos terrenos, la empresa soportará unas pérdidas de 50.000.000 de euros, si bien la probabilidad de encontrar gas según los expertos es del 70%. Determine si la empresa debe o no adquirir los terrenos.

Solución en página 109

Ejercicio 18

La siguiente matriz muestra los beneficios para cada alternativa de decisión, así como las probabilidades *a priori* de cada estado de la naturaleza.

	Estados de la naturaleza			
	Estado 1	Estado 2	Estado 3	Estado 4
Alternativa 1	100	90	-20	-45
Alternativa 2	85	80	10	-20
Alternativa 3	0	70	90	60
Alternativa 4	-30	0	40	65
Alternativa 5	-35	-10	85	120
	15%	30%	10%	45%

Determine la mejor decisión aplicando los criterios:

1. Pesimista.

2. Optimista.

3. Laplace.

4. Pesimista y Laplace a la matriz de costes de oportunidad.

5. Beneficio máximo esperado.

6. Calcule el valor esperado de la información perfecta.

Solución en página 113

Ejercicio 19

Una empresa está considerando la posibilidad de contratar un experto en ingeniería industrial para la planificación de su estrategia de operaciones. Una adecuada planificación supondría a la empresa unos beneficios de 1.000.000 de euros, mientras que si la planificación no fuera correctamente elaborada, la empresa estima unas pérdidas de 400.000 euros. El director industrial estima que la probabilidad de que el experto realice una adecuada planificación es del 75%. Antes de contratar al experto, la empresa tiene la opción de realizar unas pruebas para determinar la idoneidad del candidato, dichas pruebas tienen una fiabilidad del 80% a la hora de determinar el éxito potencial del candidato en la realización de la planificación de las operaciones de la empresa. Determine la decisión óptima para la empresa, así como el coste que puede asumir la empresa por realizar la prueba de idoneidad.

Solución en página 121

Ejercicio 20

Una empresa está considerando ampliar sus instalaciones para hacer frente a la demanda de sus productos. Las alternativas de que dispone la empresa son: construir una nueva fábrica, ampliar la fábrica actual, o no hacer nada. Existe un 30% de probabilidades de que la demanda prevista para los próximos años aumente, un 60% de probabilidades de que se mantenga igual, y un 10% de probabilidades de que entre en recesión. Determine la opción más rentable para la empresa, siendo los beneficios estimados los que muestra la tabla.

	Demanda		
	Aumenta	Estable	Disminuye
Construir fábrica nueva	8.000.000	5.000.000	-5.000.000
Ampliar fábrica actual	6.500.000	2.000.000	-3.000.000
No hacer nada	2.000.000	1.000.000	-2.000.000

Solución en página 129

Ejercicio 21

Una empresa está estudiando el contrato de 600 euros semanales que tiene con su proveedor de servicios de mantenimiento. Desde la firma del contrato la media es de 2,5 averías semanales, entrañando cada fallo un coste de reparación de 1.000 euros. Las averías semanales de la empresa, antes de la firma del contrato, se muestran en la tabla.

Averías	0	1	2	3	4	5	6
Semanas que hubo estas averías	9	10	12	16	24	18	11

Ayude a la empresa a decidir si le conviene o no la renovación del contrato de mantenimiento con su actual proveedor.

Solución en página 133

Ejercicio 22

Una empresa tiene dos opciones:

1. Producir la nueva línea de productos de la que acaba de dar a conocer los prototipos.

2. Antes de iniciar la producción, pedir a los ingenieros de producto que lleven a cabo un análisis del valor de la nueva línea de productos.

Con la primera opción la empresa esperar alcanzar unas ventas de 300.000 unidades con una probabilidad del 30%, y de 150.000 unidades con una probabilidad del 70%, siendo el precio unitario de venta de 600 euros. Por el contrario, si recurre a realizar el análisis del valor de la nueva línea de productos, las ventas esperadas son de 225.000 unidades con una probabilidad del 40%, y de 140.000 unidades con una probabilidad del 60%, siendo en este caso el precio unitario de venta de 900 euros. La empresa estima que el análisis del valor le ocasionará unos costes de 100.000 euros. Indique la decisión óptima que debe tomar la empresa.

Solución en página 135

Ejercicio 23

La dirección de una empresa dedicada a la fabricación y venta de cremosos helados, se está planteando la compra de una nueva máquina para la fabricación de su nuevo helado de chocolate con el perfil de uno de los participantes en un famoso concurso. Tres son los modelos de la máquina que hay en el mercado en función de la calidad (tipo 1, tipo 2 y tipo 3). Si dicho concursante gana el concurso los beneficios que presume la dirección de la empresa que se alcanzarán son de 70.000, 75.000 y 80.000 euros para cada modelo de máquina, si por el contrario el concursante resulta finalista, pero no ganador del concurso, los beneficios estimados son 65.000, 70.000 y 75.000 euros, pero si dicho concursante es expulsado antes de llegar a la final, los beneficios esperados son tan solo de 55.000, 60.000 y 65.000 euros, respectivamente. La dirección de la empresa, tras una ronda de consultas con familiares, amigos, clientes, etc., estima que la probabilidad de que dicho concursante acabe ganando el concurso es del 10%, que llegue a finalista y no gane el concurso es también del 30%, y que lo expulsen del concurso antes de llegar a la final del 60%. Sugiera a la dirección de la empresa la máquina que debe adquirir.

Solución en página 139

Ejercicio 24

Una empresa está considerando cambiar uno de sus equipos tecnológicamente avanzados, para ello dispone de dos opciones, la primera es comprar dos nuevos equipos idénticos al actual a 200.000 euros cada uno, y la segunda consiste en comprar un nuevo sistema integrado por 800.000 euros. Las ventas estimadas por la empresa a lo largo de la vida útil de cualquiera de sus equipos son de 5.000.000 de euros en el caso de que el mercado sea alcista, a lo que la empresa le asigna una probabilidad de que suceda del 30%, en caso contrario, si el mercado es bajista las ventas esperadas son de 3.500.000 euros. Indique al director de dicha empresa la opción que debe tomar.

Solución en página 143

Capítulo 2

Resolución de los problemas

Ejercicio 1

Una empresa compra la materia prima a dos proveedores A y B, cuya calidad se muestra en la tabla siguiente:

Piezas defectuosas	Probabilidad para el proveedor A	Probabilidad para el proveedor B
1%	0.80	0.40
2%	0.10	0.30
3%	0.10	0.30

La probabilidad de recibir un lote del proveedor A en el que haya un 1% de piezas defectuosas es del 70%. Los pedidos que realiza la empresa ascienden a 1.000 piezas. Una pieza defectuosa puede ser reparada por 1 euro. Si bien tal y como indica la tabla la calidad del proveedor B es menor, éste está dispuesto a vender las 1.000 piezas por 10 euros menos que el proveedor A.

Indique el proveedor que debe utilizar.

Solución:

Paso 1 - Enumere las diferentes alternativas de decisión.

Proveedor A.

Proveedor B.

Paso 2 - Enumere para cada una de las alternativas de decisión, los estados de la naturaleza asociados a la misma.

Alternativas	Estados de la naturaleza
Proveedor A	1% de piezas defectuosas
	2% de piezas defectuosas
	3% de piezas defectuosas
Proveedor B	1% de piezas defectuosas
	2% de piezas defectuosas
	3% de piezas defectuosas

Paso 3 - Explicite el árbol de decisión.

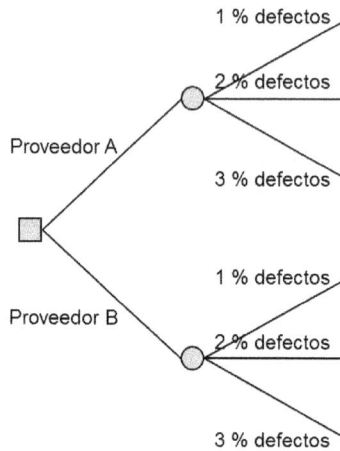

Paso 4 - Asigne las probabilidades *a priori* de cada uno de los estados de la naturaleza.

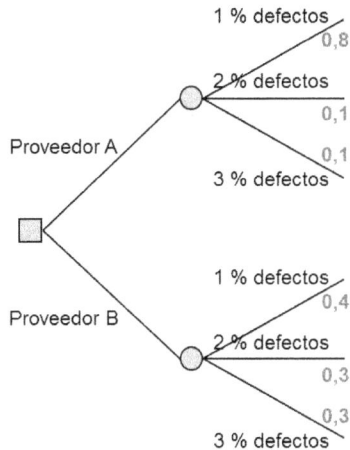

Paso 5 - Calcule el coste de cada una de las ramas del árbol.

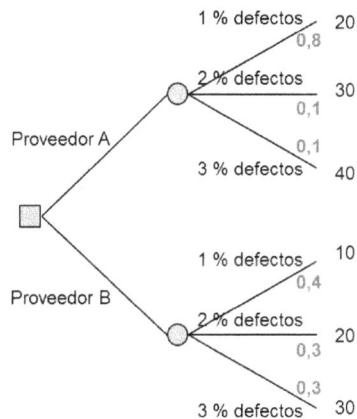

El coste de cada rama lo obtiene a partir del número de unidades defectuosas. Siendo los pedidos de 1.000 piezas, las unidades defectuosas serán:

En el caso de 1% defectuosas:

1.000 piezas x 1% / defectuosas = 10 piezas / defectuosas

En el caso de 2% defectuosas:

1.000 piezas x 2% / defectuosas = 20 piezas / defectuosas

En el caso de 3% defectuosas:

1.000 piezas x 3% / defectuosas = 30 piezas / defectuosas

Si cada pieza defectuosa puede ser reparada por 1 euro, el coste de la reparación asciende a:

En el caso de 1% defectuosas:

10 piezas/defectuosas x 1 euro / pieza defectuosa = 10 euros

En el caso de 2% defectuosas:

20 piezas / defectuosas x 1 euro / pieza defectuosa = 20 euros

En el caso de 3% defectuosas:

30 piezas/defectuosas x 1 euro / pieza defectuosa = 30 euros

En el caso del proveedor A el coste es 10 euros superior al del proveedor B, tal y como indica el enunciado del ejercicio.

Paso 6 - Resuelva el árbol de decisión de derecha a izquierda. Dado que la etapa final es probabilista debe aplicar el criterio de la esperanza matemática con el objetivo de determinar el coste esperado de cada alternativa de decisión.

$$(20 \times 0,8) + (30 \times 0,1) + (40 \times 0,1) = 23 \text{ euros}$$

$$(10 \times 0,4) + (20 \times 0,3) + (30 \times 0,3) = 19 \text{ euros}$$

Coloque el resultado encima del nudo correspondiente.

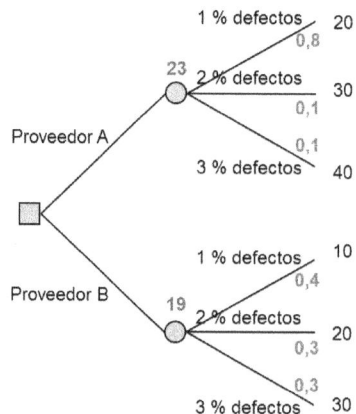

Paso 7 - Resuelva la etapa anterior. Dado que esta primera etapa es determinista y que los valores que ha calculado son costes, debe elegir la alternativa cuyo coste sea menor y colocar el resultado encima del nudo correspondiente.

El coste esperado de comprar la pieza al proveedor A es de 23 euros según ha calculado en el paso anterior, mientras que el de comprar la pieza al proveedor B es de 19 euros, por lo que deberá comprar la pieza el proveedor B dado que el coste es menor.

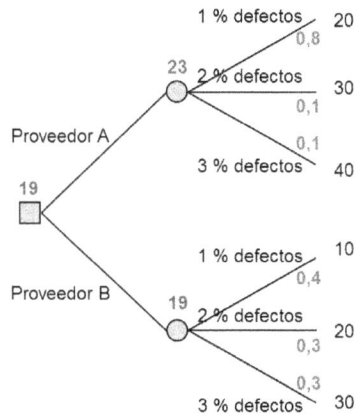

Siguiendo el criterio de la esperanza matemática debe comprar la pieza al proveedor B.

Ejercicio 2

Se está planteando construir una nueva sección en su negocio de comida rápida, si bien no sabe si hacer la nueva sección grande o pequeña. Al mismo tiempo se plantea si reúne información sobre las ventas previstas o si por el contrario no hace nada. La información sobre las ventas previstas puede aconsejarle un mercado creciente o un mercado decreciente, siendo de 500 euros el coste de dicha información, y la probabilidad de que la información sea favorable del 60%. Si el mercado es creciente las ganancias previstas son de 9.000 euros si la sección es grande y 3.000 si es pequeña. Si el mercado es decreciente puede perder 10.000 euros si la sección es grande y 5.000 si es pequeña. Si no reúne información adicional, la estimación de probabilidades de que el mercado sea creciente es del 60%, contrariamente un informe favorable incrementaría la probabilidad de un mercado creciente al 80% y un informe desfavorable disminuiría la probabilidad de un mercado creciente al 40%.

Indique la decisión que debe tomar.

Solución:

Paso 1 - Enumere las diferentes alternativas de decisión.

> Reunir información adicional sobre las ventas previstas.

> NO reunir información adicional sobre las ventas previstas.

En el caso de que opte por no reunir información adicional, debe decidir si construye la nueva sección grande o pequeña.

Paso 2 - Enumere para cada una de las alternativas de decisión, los estados de la naturaleza asociados a la misma.

Alternativas		Estados de la naturaleza
Con información		Información favorable
		Información desfavorable
Sin información	Grande	Creciente
		Decreciente
	Pequeña	Creciente
		Decreciente

Obtenida la información, sea ésta favorable o desfavorable, debe decidir si construye la nueva sección grande o pequeña, tras lo cual el mercado podrá ser creciente o decreciente.

Paso 3 - Explicite el árbol de decisión.

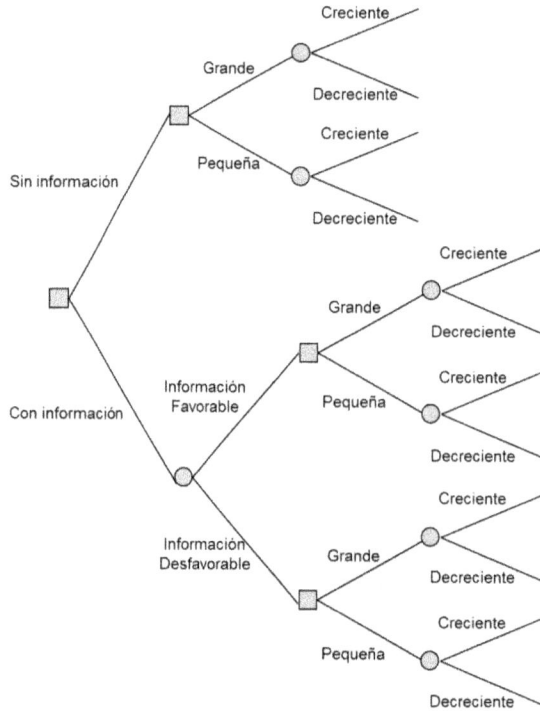

Paso 4 - Asigne las probabilidades *a priori* de cada uno de los estados de la naturaleza.

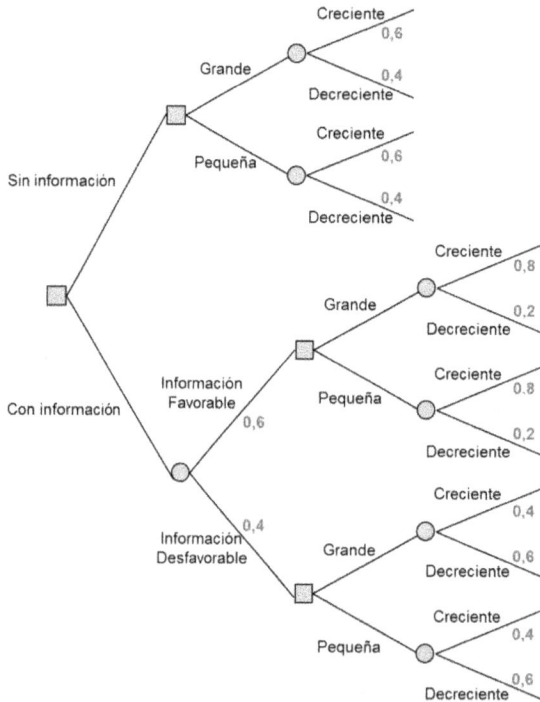

Paso 5 - Calcule el beneficio de cada una de las ramas del árbol.

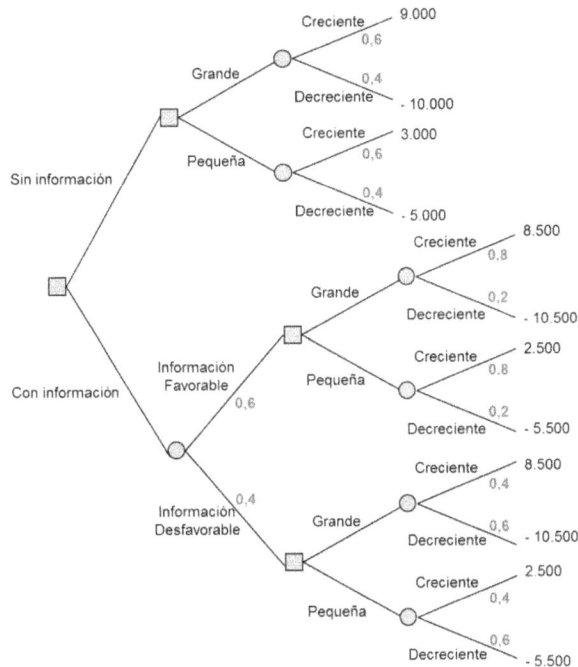

El beneficio en el **caso de no reunir información sobre las ventas** viene dado directamente en el enunciado del ejercicio:

	Mercado creciente	Mercado decreciente
Construye sección grande	9.000 euros	-10.000 euros
Construye sección pequeña	3.000 euros	-5.000 euros

En **caso de reunir información sobre las ventas**, a estos valores debe restar los 500 euros correspondientes al coste de la información.

Paso 6 - Resuelva el árbol de decisión de derecha a izquierda. Dado que la etapa final es probabilista debe aplicar el criterio de la esperanza matemática con el objetivo de determinar el beneficio esperado de cada alternativa de decisión.

$$(9.000 \times 0,6) + (-10.000 \times 0,4) = 1.400 \text{ euros}$$

$$(3.000 \times 0,6) + (-5.000 \times 0,4) = -200 \text{ euros}$$

$$(8.500 \times 0,8) + (-10.500 \times 0,2) = 4.700 \text{ euros}$$

$$(2.500 \times 0,8) + (-5.500 \times 0,2) = 900 \text{ euros}$$

$$(8.500 \times 0,4) + (-10.500 \times 0,6) = -2.900 \text{ euros}$$

$$(2.500 \times 0,4) + (-5.500 \times 0,6) = -2.300 \text{ euros}$$

Coloque el resultado encima del nudo correspondiente.

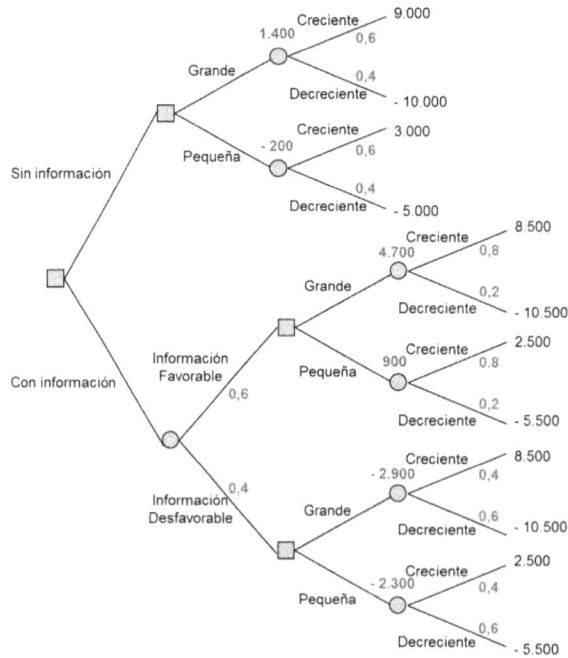

Paso 7 - Resuelva la etapa anterior. Dado que dicha etapa es determinista y que los valores que ha calculado son beneficios, debe elegir la alternativa cuyo beneficio sea mayor y colocar el resultado encima del nudo correspondiente.

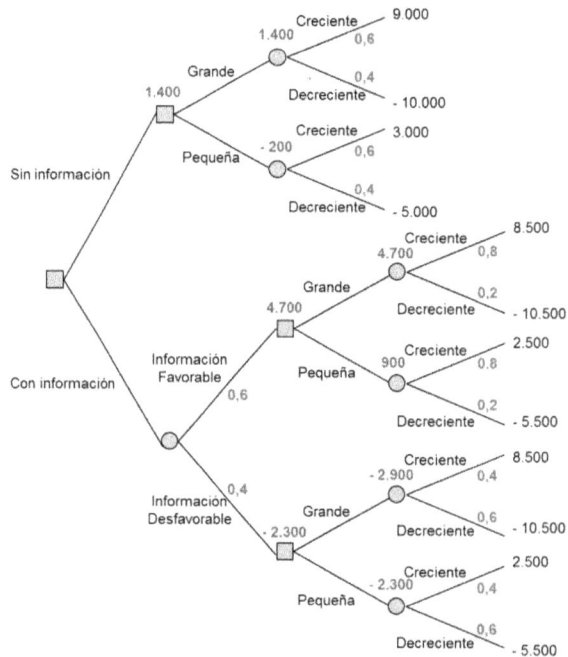

Paso 8 - Resuelva las dos últimas etapas. La etapa penúltima es probabilista por lo que debe aplicar el criterio de la esperanza matemática con el objetivo de determinar el beneficio esperado.

$$(4.700 \times 0,6) + ((-2.300) \times 0,4) = 1.900 \text{ euros}$$

La última etapa es determinista, debe pues elegir la alternativa cuyo beneficio sea mayor y colocar el resultado encima del nudo correspondiente.

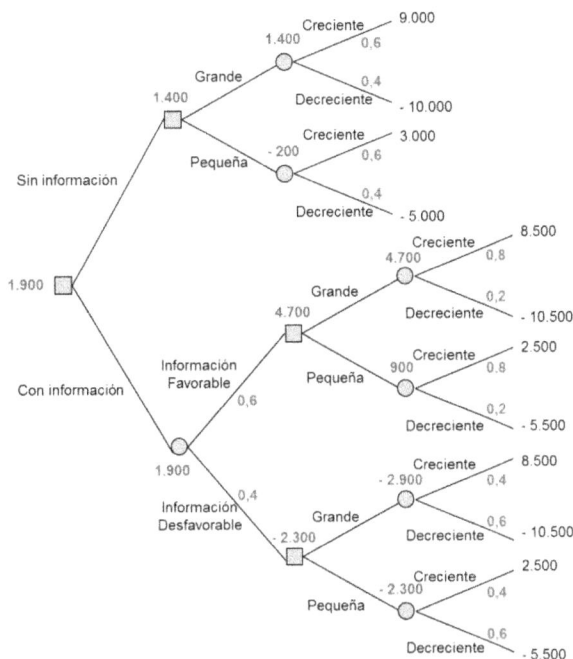

El beneficio esperado de reunir información adicional es de 1.900 euros y el de no reunir información adicional es de 1.400 euros, por lo que debe reunir información adicional dado que el beneficio es mayor, y si dicha información resulta favorable debe construir una sección grande, en caso contrario construya una sección pequeña.

Ejercicio 3

Un empresario adquiere pescado fresco en el mercado central para su posterior venta. Cada caja de pescado la identifica como excelente o no excelente en función del porcentaje de pescado que se considere de calidad excelente. Una caja de pescado excelente contiene un 90% de pescado de alta calidad, mientras que una caja de pescado no excelente contiene solo un 20% de pescado de alta calidad. Una caja de de pescado excelente genera un beneficio de 100 euros, mientras que una caja de pescado no excelente causa unas pérdidas de 100 euros por la mala imagen de la empresa que se llevan los clientes. Antes de comprar una caja el empresario puede comprobar la calidad de la misma extrayendo un ejemplar de pescado con el objetivo de verificar si se trata o no de pescado de alta calidad. Establezca la estrategia que debe seguir el empresario, así como el coste de la información.

Solución:

Paso 1 - Enumere las diferentes alternativas de decisión.

Comprar la caja de pescado.

NO comprar la caja de pescado.

Probar la caja de pescado → Comprobar la calidad de la caja extrayendo un ejemplar de pescado con el objetivo de verificar si se trata o no de pescado de alta calidad.

Paso 2 - Enumere para cada una de las alternativas de decisión, los estados de la naturaleza asociados a la misma.

Alternativas	Estados de la naturaleza
Comprar	Caja de pescado excelente Caja de pescado no excelente
No comprar	
Probar	Ejemplar de pescado de alta calidad Ejemplar de pescado de baja calidad

Obtenida la información, sea ésta que el ejemplar de pescado verificado es de alta o baja calidad, debe decidir si compra o no compra la caja de pescado, tras lo cual la caja de pescado podrá ser excelente o no excelente.

Paso 3 - Explicite el árbol de decisión.

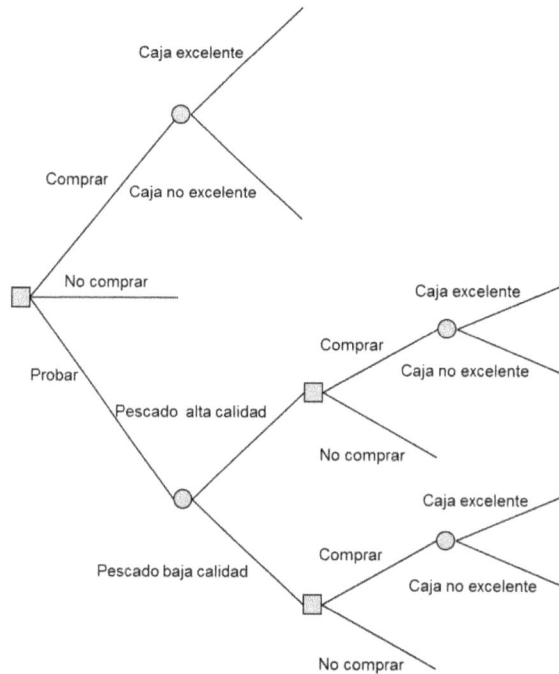

Paso 4 - Asigne las probabilidades de cada uno de los estados de la naturaleza. En este caso se trata de probabilidades a posteriori, por lo que debe utilizar el teorema de Bayes para calcular dichas probabilidades.

Para la aplicación del teorema de Bayes puede utilizar el árbol que se muestra a continuación. Los estados de la naturaleza son que la caja comprada sea o no de excelente calidad, y los acontecimientos, que el ejemplar de pescado verificado es de alta o baja calidad.

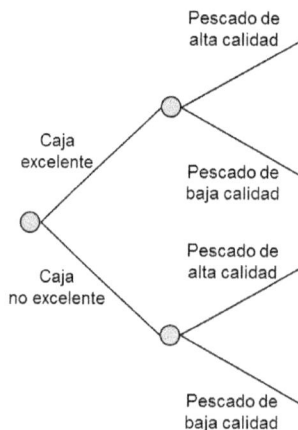

La probabilidad *a priori* de que una caja de pescado sea o no de excelente calidad es obviamente del 50%. Por su parte, las probabilidades condicionales vienen dadas, según se indica en el enunciado del ejercicio, por los siguientes valores:

P(Pescado sea de alta calidad / Caja es excelente) = 0,9

P(Pescado sea de baja calidad / Caja es excelente) = 0,1

P(Pescado sea de alta calidad / Caja no es excelente) = 0,2

P(Pescado sea de baja calidad / Caja no es excelente) = 0,8

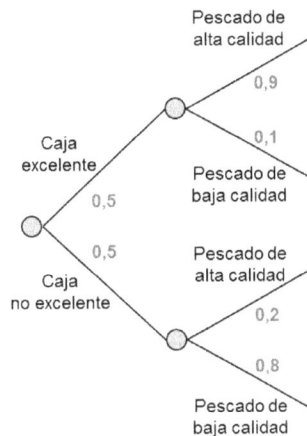

De donde, la probabilidad *a priori* de cada uno de los acontecimientos:

P(Pescado de alta calidad) = [P(Caja excelente) x P(Pescado de alta calidad / Caja excelente)] + [P(Caja no excelente) x P(Pescado de alta calidad / Caja no excelente)] = [0,5 x 0,9] + [0,5 x 0,2] = 0,55

P(Pescado de baja calidad) = [P(Caja excelente) x P(Pescado de baja calidad / Caja excelente)] + [P(Caja no excelente) x P(Pescado de baja calidad / Caja no excelente)] = [0,5 x 0,1] + [0,5 x 0,8] = 0,45

Seguidamente, mediante la aplicación del teorema de Bayes determine las probabilidades a posteriori de cada uno de los estados de la naturaleza.

$$P(\text{Caja excelente / Pescado alta calidad}) = \frac{P(\text{Caja excelente}) \times P(\text{Pescado alta calidad / Caja excelente})}{P(\text{Pescado alta calidad})}$$

$$P(\text{Caja excelente / Pescado alta calidad}) = \frac{0,5 \times 0,9}{0,55} = 0,82$$

$$P(\text{Caja no excelente}/\text{Pescado alta calidad}) = \frac{P(\text{Caja no excelente}) \times P(\text{Pescado alta calidad}/\text{Caja no excelente})}{P(\text{Pescado alta calidad})}$$

$$P(\text{Caja no excelente}/\text{Pescado alta calidad}) = \frac{0,5 \times 0,2}{0,55} = 0,18$$

$$P(\text{Caja excelente}/\text{Pescado baja calidad}) = \frac{P(\text{Caja excelente}) \times P(\text{Pescado baja calidad}/\text{Caja excelente})}{P(\text{Pescado baja calidad})}$$

$$P(\text{Caja excelente}/\text{Pescado baja calidad}) = \frac{0,5 \times 0,1}{0,45} = 0,10$$

$$P(\text{Caja no excelente}/\text{Pescado baja calidad}) = \frac{P(\text{Caja no excelente}) \times P(\text{Pescado baja calidad}/\text{Caja no excelente})}{P(\text{Pescado baja calidad})}$$

$$P(\text{Caja no excelente}/\text{Pescado baja calidad}) = \frac{0,5 \times 0,8}{0,45} = 0,90$$

De donde, el árbol de decisión incluyendo las probabilidades:

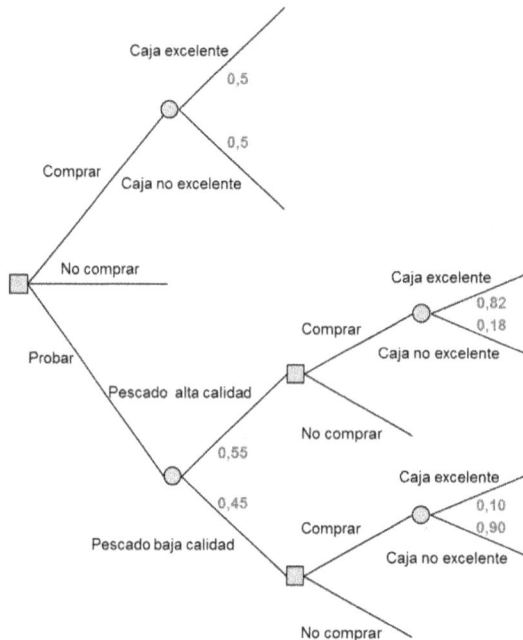

Paso 5 - Calcule el beneficio de cada una de las ramas del árbol.

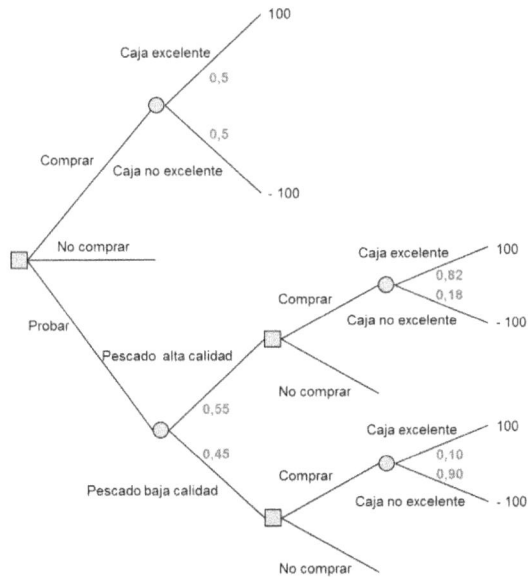

El beneficio de una caja de pescado excelente (100 euros) y el de una caja de pescado no excelente (-100 euros) viene dado en el enunciado del ejercicio.

Paso 6 - Resuelva el árbol de decisión de derecha a izquierda. Dado que la etapa final es probabilista debe aplicar el criterio de la esperanza matemática con el objetivo de determinar el beneficio esperado de cada alternativa de decisión.

$$(100 \times 0,82) + ((-100) \times 0,18) = 64 \text{ euros}$$

$$(100 \times 0,10) + ((-100) \times 0,90) = -80 \text{ euros}$$

$$(100 \times 0,50) + ((-100) \times 0,50) = 0 \text{ euros}$$

Coloque estos resultados en el árbol de decisión encima del nudo correspondiente.

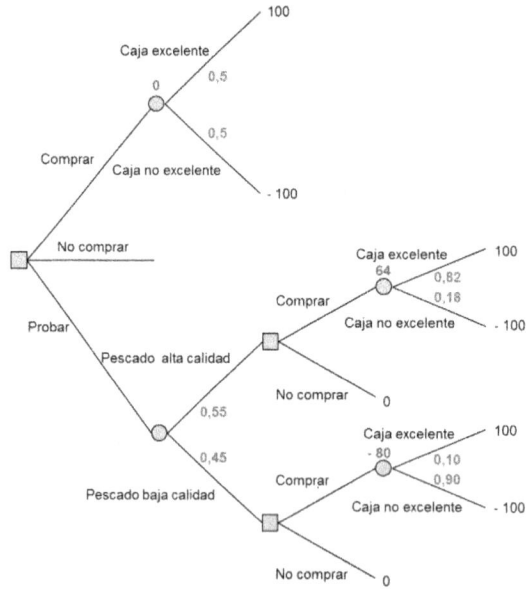

Paso 7 - Resuelva la etapa anterior. Dado que dicha etapa es determinista y que los valores que ha calculado son beneficios, debe elegir la alternativa cuyo beneficio sea mayor y colocar el resultado encima del nudo correspondiente.

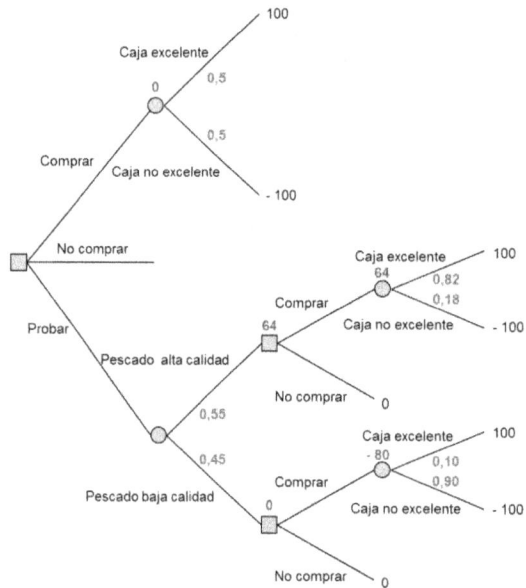

Paso 8 - Resuelva las dos últimas etapas. La penúltima etapa es probabilista por lo que debe aplicar el criterio de la esperanza matemática con el objetivo de determinar el beneficio esperado.

$$(64 \times 0,55) + (0 \times 0,45) = 35,2 \text{ euros}$$

La última etapa es determinista, debe pues elegir la alternativa cuyo beneficio sea mayor y colocar el resultado encima del nudo correspondiente.

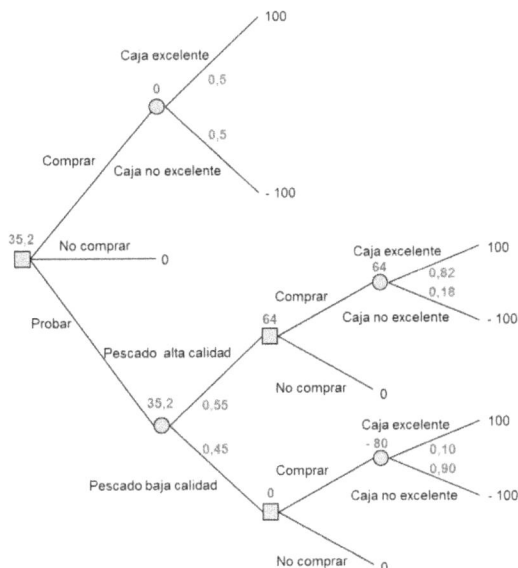

La estrategia que debe seguir el empresario es la de extraer un ejemplar de pescado con el objetivo de verificar si se trata o no de pescado de alta calidad, en el caso de que el pescado extraído sea de alta calidad, debe comprar la caja de pescado, por el contrario, si el pescado extraído es de baja calidad, no debe comprar la caja de pescado. Con esta estrategia el beneficio esperado es de 35,2 euros.

El valor de la información = 35,2 − 0 = 35,2 euros es el valor de la información que aporta la extracción de un ejemplar de pescado con el objetivo de verificar si se trata o no de pescado de alta calidad. Si por llevar a cabo este control de calidad le cobraran más de 35,2 euros, no interesa llevarlo a cabo.

Ejercicio 4

El gerente de una empresa tiene dos diseños posibles para su nueva línea de cerebros electrónicos, la primera opción tiene un 80% de probabilidades de producir el 70% de cerebros electrónicos buenos y un 20% de probabilidades de producir el 50% de cerebros electrónicos buenos, siendo el coste de este diseño de 450.000 de euros. La segunda opción tiene una probabilidad del 70% de producir el 70% de cerebros electrónicos buenos y una probabilidad del 30% de producir el 50% de cerebros electrónicos buenos, el coste de este diseño asciende a 600.000 euros. El coste de cada cerebro electrónico es de 100 euros, si es bueno se vende por 250 euros, mientras que si es malo no tiene ningún valor. Conociendo que la previsión es de fabricar 50.000 cerebros electrónicos, decida el diseño que debe elegir el gerente de la empresa.

Solución:

Paso 1 - Enumere las diferentes alternativas de decisión.

Diseño 1.

Diseño 2.

Paso 2 - Enumere para cada una de las alternativas de decisión, los estados de la naturaleza asociados a la misma.

Alternativas	Estados de la naturaleza
Diseño 1	70% de cerebros electrónicos buenos
	50% de cerebros electrónicos buenos
Diseño 2	70% de cerebros electrónicos buenos
	50% de cerebros electrónicos buenos

Paso 3 - Explicite el árbol de decisión.

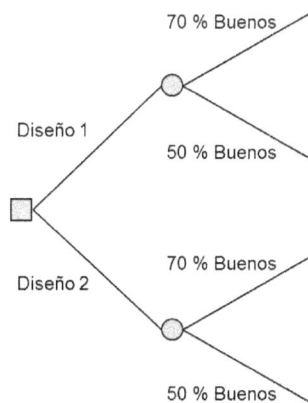

Paso 4 - Asigne las probabilidades *a priori* de cada uno de los estados de la naturaleza.

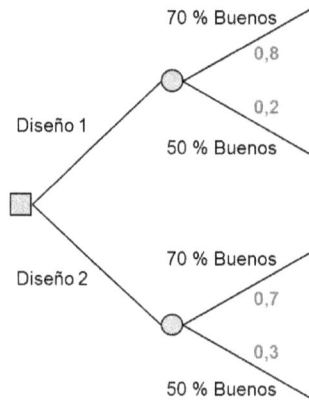

Paso 5 - Calcule el beneficio de cada una de las ramas del árbol.

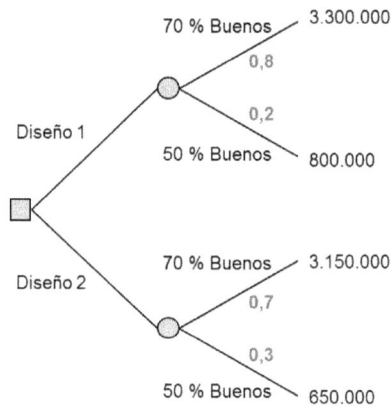

El beneficio de cada rama lo obtiene restando los gastos de los ingresos. Para el cálculo de los ingresos, debe tener en cuenta el número de unidades buenas, dado que las malas no tienen ningún valor. Siendo la previsión de fabricar 50.000 cerebros, las unidades buenas serán:

En el caso de 70% buenas:

$$50.000 \times 0,70 = 35.000 \text{ cerebros}$$

En el caso de 50% buenas:

$$50.000 \times 0,50 = 25.000 \text{ cerebros}$$

De donde, los ingresos:

En el caso de 70% buenas:

$$35.000 \text{ cerebros} \times 250 \text{ euros/cerebro} = 8.750.000 \text{ euros}$$

En el caso de 50% buenas:

$$25.000 \text{ cerebros} \times 250 \text{ euros/cerebro} = 6.250.000 \text{ euros}$$

Tomando en consideración los gastos de compra/fabricación de los cerebros electrónicos que ascienden a:

$$50.000 \text{ cerebros} \times 100 \text{ euros/cerebro} = 5.000.000 \text{ de euros}$$

Y los gastos del diseño, que en el caso del diseño 1 se elevan a 450.000 euros, mientras que en el diseño 2 son de 600.000 euros, resultan unos beneficios de:

Diseño 1 y 70% buenas:

$$8.750.000 - 5.000.000 - 450.000 = 3.300.000 \text{ euros}$$

Diseño 1 y 50% buenas:

$$6.250.000 - 5.000.000 - 450.000 = 800.000 \text{ euros}$$

Diseño 2 y 70% buenas:

$$8.750.000 - 5.000.000 - 600.000 = 3.150.000 \text{ euros}$$

Diseño 2 y 50% buenas:

$$6.250.000 - 5.000.000 - 600.000 = 650.000 \text{ euros}$$

Paso 6 - Resuelva el árbol de decisión de derecha a izquierda. Dado que la etapa final es probabilista debe aplicar el criterio de la esperanza matemática con el objetivo de determinar el coste esperado de cada alternativa de decisión.

$$(3.300.000 \times 0,8) + (800.000 \times 0,2) = 2.800.000 \text{ euros}$$

$$(3.150.000 \times 0,7) + (650.000 \times 0,3) = 2.400.000 \text{ euros}$$

Coloque los resultados en el árbol de decisión encima del nudo correspondiente.

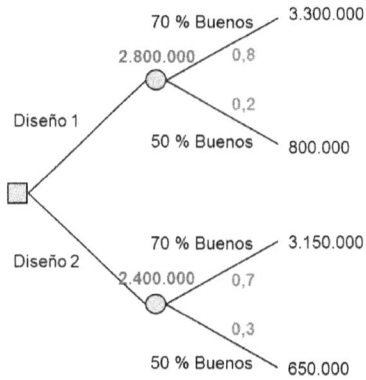

Paso 7 - Resuelva la etapa anterior. Dado que esta primera etapa es determinista y que los valores que ha calculado son beneficios, debe elegir la alternativa cuyo beneficio sea mayor y colocar el resultado encima del nudo correspondiente.

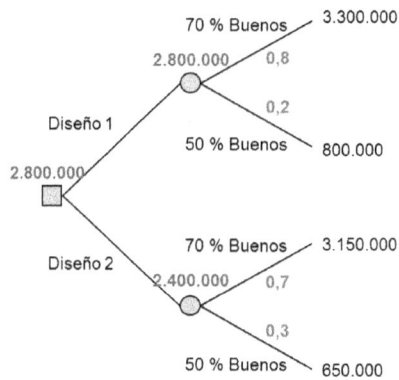

El gerente debe elegir el diseño 1, en espera de alcanzar un beneficio de 2.800.000 euros.

Ejercicio 5

Un establecimiento comercial está analizando la posibilidad de realizar los pedidos de un determinado producto con un mes de antelación, con la finalidad de evitar roturas de inventario. Si realiza pedido con un mes de anticipación el coste por unidad de producto es de 50 euros, por el contrario, si la demanda de dicho producto durante el mes excede el número de unidades en almacén, debe ordenar las unidades necesarias a un coste de 100 euros por unidad. La tabla muestra la demanda mensual de dicho producto durante los tres últimos años:

Demanda (unidades)	Frecuencia (meses)
10	20
20	12
30	8

Sugiera la política de pedidos para la empresa así como el coste de la misma.

Solución:

Paso 1 - Enumere las diferentes alternativas de decisión.

Comprar 10 unidades.

Comprar 20 unidades.

Comprar 30 unidades.

Paso 2 - Enumere para cada una de las alternativas de decisión, los estados de la naturaleza asociados a la misma.

Alternativas	Estados de la naturaleza
Comprar 10	Vender 10 unidades
	Vender 20 unidades
	Vender 30 unidades
Comprar 20	Vender 10 unidades
	Vender 20 unidades
	Vender 30 unidades
Comprar 30	Vender 10 unidades
	Vender 20 unidades
	Vender 30 unidades

Paso 3 - Explicite el árbol de decisión

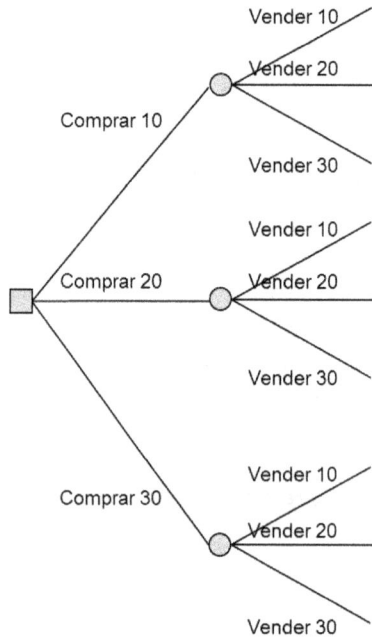

Paso 4 - Asigne las probabilidades *a priori* de cada uno de los estados de la naturaleza.

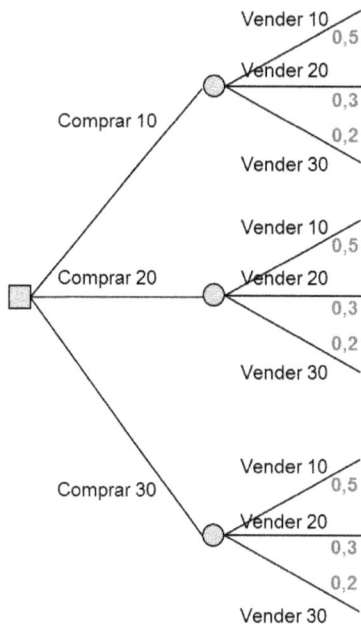

Se ha analizado un total de 40 meses, de los cuales en la mitad (20 meses) la demanda mensual fue de 10 unidades, en 12 de los 40 meses la demanda mensual ascendió a 20 unidades, y solo en 8 meses, la demanda fue de 30 unidades, según la tabla que aparece en el enunciado del ejercicio. De donde, las probabilidades *a priori* de cada uno de los estados de la naturaleza viene dada por:

P(Vender 10 unidades al mes) = 20 meses / 40 meses = 0,5

P(Vender 20 unidades al mes) = 12 meses / 40 meses = 0,3

P(Vender 30 unidades al mes) = 8 meses / 40 meses = 0,2

Paso 5 - Calcule el coste de cada una de las ramas del árbol.

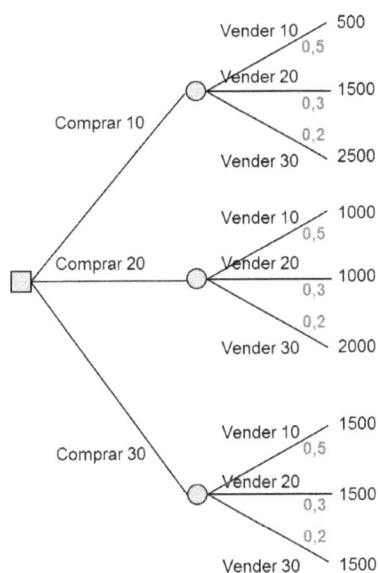

Coste de comprar 10 unidades y vender 10:

10 unidades x 50 euros/unidad = 500 euros

Coste de comprar 10 unidades y vender 20:

(10 unidades x 50 euros/unidad) + (10 unidades x 100 euros/unidad) = 1.500 euros

Coste de comprar 10 unidades y vender 30:

(10 unidades x 50 euros/unidad) + (20 unidades x 100 euros/unidad) = 2.500 euros

Coste de comprar 20 unidades y vender 10:

$$20 \text{ unidades} \times 50 \text{ euros/unidad} = 1.000 \text{ euros}$$

Coste de comprar 20 unidades y vender 20:

$$20 \text{ unidades} \times 50 \text{ euros/unidad} = 1.000 \text{ euros}$$

Coste de comprar 20 unidades y vender 30:

$$(20 \text{ unidades} \times 50 \text{ euros/unidad}) + (10 \text{ unidades} \times 100 \text{ euros/unidad}) = 2.000 \text{ euros}$$

Coste de comprar 30 unidades y vender 10:

$$30 \text{ unidades} \times 50 \text{ euros/unidad} = 1.500 \text{ euros}$$

Coste de comprar 30 unidades y vender 20:

$$30 \text{ unidades} \times 50 \text{ euros/unidad} = 1.500 \text{ euros}$$

Coste de comprar 30 unidades y vender 30:

$$30 \text{ unidades} \times 50 \text{ euros/unidad} = 1.500 \text{ euros}$$

Paso 6 - Resuelva el árbol de decisión de derecha a izquierda. Dado que la etapa final es probabilista debe aplicar el criterio de la esperanza matemática con el objetivo de determinar el coste esperado de cada alternativa de decisión.

$$(500 \times 0,5) + (1.500 \times 0,3) + (2.500 \times 0,2) = 1.200 \text{ euros}$$

$$(1.000 \times 0,5) + (1.000 \times 0,3) + (2.000 \times 0,2) = 1.200 \text{ euros}$$

$$(1.500 \times 0,5) + (1.500 \times 0,3) + (1.500 \times 0,2) = 1.500 \text{ euros}$$

Coloque los resultados en el árbol de decisión encima del nudo correspondiente.

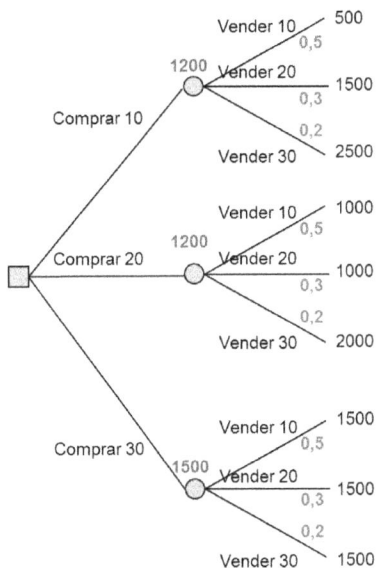

Paso 7 - Resuelva la etapa anterior. Dado que esta primera etapa es determinista y que los valores que ha calculado son costes, debe elegir la alternativa cuyo coste sea menor y colocar el resultado encima del nudo correspondiente.

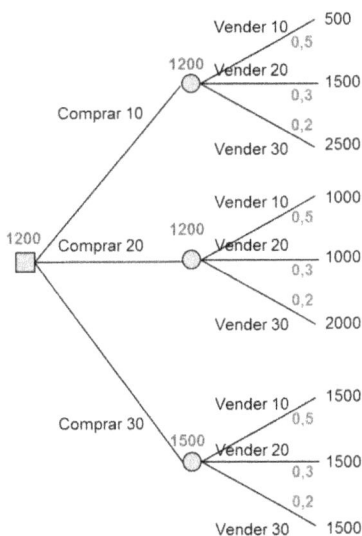

La política óptima de pedidos para la empresa es hacer pedidos de 10 o de 20 unidades del producto, siendo el coste esperado de dicha política de 1.200 euros.

Ejercicio 6

Una empresa fabricante de componentes electrónicos está estudiando cuatro posibilidades de expansión de su capacidad productiva: construir una nueva planta en Brasil, una joint-venture en China, ampliar su planta de España o construir una nueva planta en Alemania. Los beneficios estimados durante los próximos años para cada alternativa se muestran en la tabla siguiente en función de la demanda.

	Incremento de la demanda del		Demanda constante	Disminución de la demanda en
	30%	20%		5%
Brasil	1000	900	600	400
China	1300	1100	700	300
España	1200	1400	600	-100
Alemania	1000	900	700	700

1. Formule la decisión óptima siguiendo el criterio optimista, el pesimista, y el de Laplace.

2. Establezca la decisión óptima, si se considera que la probabilidad de que la demanda se incremente un 30% es del 20%, de que aumente un 20% es del 30%, de que se mantenga es del 40% y de que se reduzca de un 10%.

Solución:

1.1. Criterio optimista

Maximizar {Máximo {Beneficio}}

	Δ 30%	Δ 20%	=	∇ 5%	Máximo {Beneficio}
Brasil	1.000	900	600	400	1.000
China	1.300	1.100	700	300	1.300
España	1.200	1.400	600	-100	1.400
Alemania	1.000	900	700	700	1.000

Máx. {Máx. {Beneficio}} = Máx. {1.000, 1.300, 1.400, 1.000} = 1.400

La decisión óptima siguiendo el criterio optimista es la de ampliar la planta de España.

1.2. Criterio pesimista

Maximizar {Mínimo {Beneficio}}

	Δ 30%	Δ 20%	=	∇ 5%	Mínimo {Beneficio}
Brasil	1000	900	600	400	400
China	1300	1100	700	300	300
España	1200	1400	600	-100	-100
Alemania	1000	900	700	700	700

Máx. {Mín. {Beneficio}} = Máx. {400, 300, -100, 700} = 700

La decisión óptima siguiendo el criterio pesimista es la de construir una nueva planta en Alemania.

1.3. Criterio Laplace

Criterio de Laplace → Criterio equiprobable → Todos los estados de la naturaleza tienen la misma probabilidad. En este caso los estados de la naturaleza posibles son cuatro:

1. Incremento de un 30% de la demanda.

2. Incremento de un 20% de la demanda.

3. La demanda permanece constante.

4. La demanda disminuye un 5%.

Dado que los estados de la naturaleza son cuatro y que todos deben tener la misma probabilidad (criterio de Laplace), la probabilidad *a priori* de cada uno de ellos es del 100 / 4 = 25 %.

	Δ 30%	Δ 20%	=	∇ 5%	Valor esperado E[x]
Brasil	1.000	900	600	400	725
China	1.300	1.100	700	300	850
España	1.200	1.400	600	-100	775
Alemania	1.000	900	700	700	825
	25%	25%	25%	25%	

Máx. {Beneficio esperado} = Máx. {725, 850, 775, 825} = 850

La decisión óptima siguiendo el criterio de Laplace es la de hacer una joint-venture en China.

2. Establezca la decisión óptima, si se considera que la probabilidad de que la demanda se incremente un 30% es del 20%, de que aumente un 20% es del 3 %, de que se mantenga es del 40% y de que se reduzca de un 10%.

En este caso debe aplicarse el criterio de la esperanza matemática.

	Δ 30%	Δ 20%	=	∇ 5%	Valor esperado E[x]
Brasil	1.000	900	600	400	750
China	1.300	1.100	700	300	900
España	1.200	1.400	600	-100	890
Alemania	1.000	900	700	700	820
	20%	30%	40%	10%	

Máx. {Beneficio esperado} = Máx. {750, 900, 890, 820} = 900

La decisión óptima siguiendo el criterio de la esperanza matemática, con las probabilidades *a priori* dadas en el enunciado del ejercicio, es la de hacer una joint-venture en China.

Ejercicio 7

Para hacer frente a las ventas una empresa puede tomar las siguientes acciones: hacer horas extras, contratar mano de obra, alquilar maquinaria, e incluso puede no tomar ninguna acción. Las ventas por su parte pueden ser crecientes o decrecientes, siendo p la probabilidad de que las ventas sean crecientes. A tenor de un estudio realizado por la propia empresa, los beneficios esperados en cada caso se muestran en la tabla siguiente en miles de euros:

	Ventas crecientes	Ventas decrecientes
Horas extras	500	100
Contratar mano de obra	700	0
Alquilar maquinaria	900	-100
No tomar ninguna acción	400	200

Halle los valores de la probabilidad p por los que decidirá hacer horas extras, contratar mano de obra, alquilar maquinaria, o no tomar ninguna acción, respectivamente.

Solución:

Paso 1 - Enumere las diferentes alternativas de decisión.

Horas extraordinarias.

Contratar Mano de Obra (MO).

Alquilar maquinaria.

No tomar ninguna acción.

Paso 2 - Enumere para cada una de las alternativas de decisión, los estados de la naturaleza asociados a la misma.

Alternativas	Estados de la naturaleza
Horas extras	Ventas crecientes Ventas decrecientes
Contratar MO	Ventas crecientes Ventas decrecientes
Alquilar maquinaria	Ventas crecientes Ventas decrecientes
No tomar ninguna decisión	Ventas crecientes Ventas decrecientes

Paso 3 - Explicite el árbol de decisión.

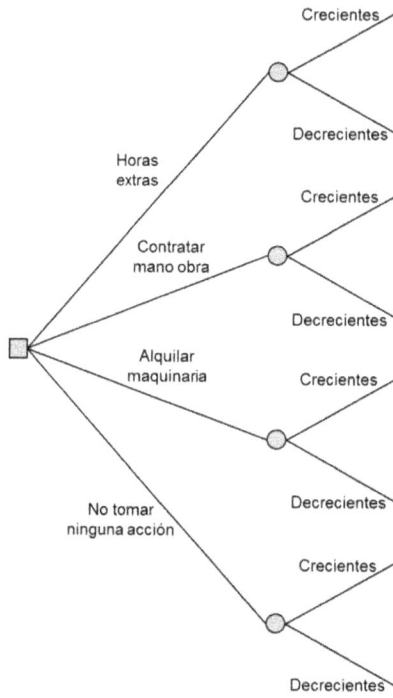

Paso 4 - Asigne las probabilidades *a priori* de cada uno de los estados de la naturaleza.

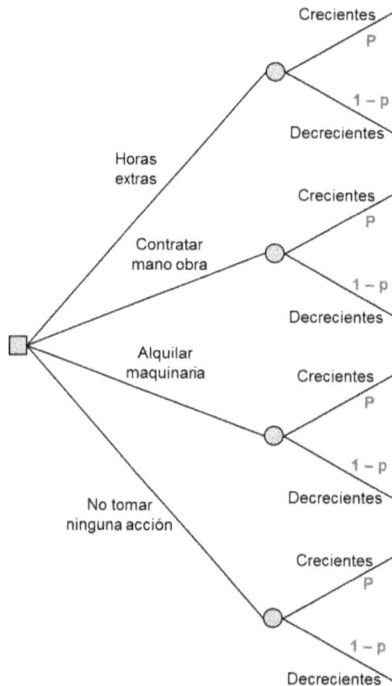

Siendo p la probabilidad *a priori* de que las ventas sean crecientes y (1 − p) la probabilidad *a priori* de que las ventas sean decrecientes.

Paso 5 - Calcule el beneficio de cada una de las ramas del árbol.

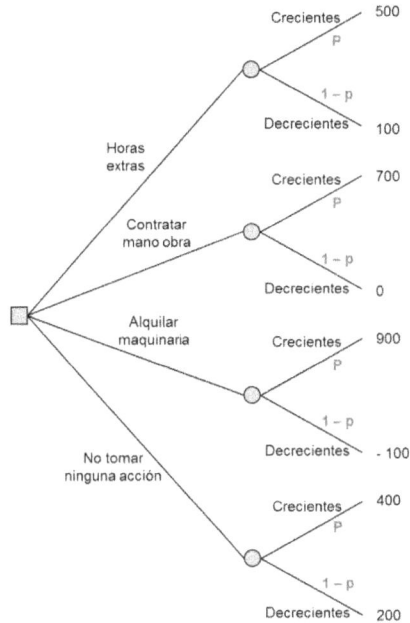

El beneficio de cada una de las ramas viene dado directamente en la tabla que forma parte del enunciado del ejercicio.

Paso 6 - Resuelva el árbol de decisión de derecha a izquierda. Dado que la etapa final es probabilista debe aplicar el criterio de la esperanza matemática con el objetivo de determinar el beneficio esperado de cada alternativa de decisión.

$$(500 \times p) + (100 \times (1 - p)) = 100 + 400\ p$$

$$(700 \times p) + (0 \times (1 - p)) = 700\ p$$

$$(900 \times p) + ((- 100) \times (1 - p)) = - 100 + 1000\ p$$

$$(400 \times p) + (200 \times (1 - p)) = 200 + 200\ p$$

Coloque los resultados en el árbol de decisión encima del nudo correspondiente.

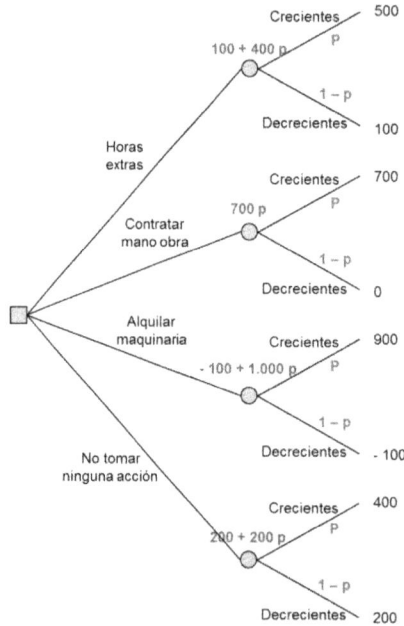

Representando gráficamente las cuatro ecuaciones correspondientes al beneficio de cada una de las alternativas de decisión, para cada uno de los valores de p, resulta el gráfico siguiente.

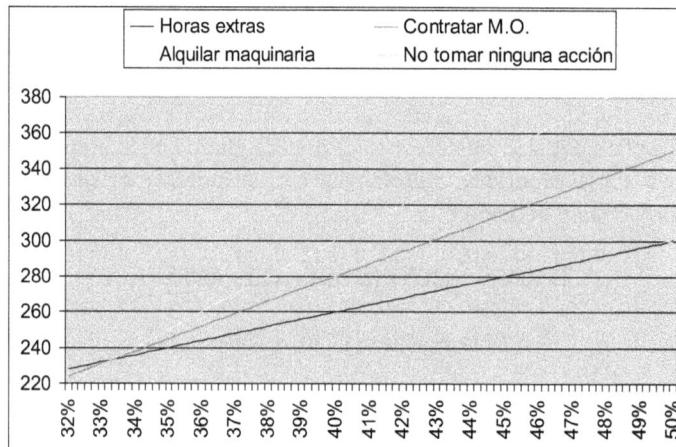

En el gráfico puede ver que le interesa **no tomar ninguna acción** cuando p < 0,375, dado que el beneficio es máximo. Mientras que para valores de p > 0,375 le interesa **alquilar maquinaria** con el fin de maximizar el beneficio.

$$- 100 + 1.000\, p > 200 + 200\, p \; \rightarrow \; p > 0,375$$

Ejercicio 8

Una empresa de aviónica está investigando la posibilidad de fabricar y comercializar un nuevo microprocesador dotado de inteligencia casi natural para los aviones del futuro. El proyecto requiere la compra de un sofisticado centro de supercomputación, o bien la contratación de más ingenieros, obviamente la empresa se reserva la opción de no desarrollar el producto. El nuevo producto puede tener una acogida favorable o desfavorable en el mercado, con una acogida favorable en el mercado las ventas estimadas alcanzarían los 50.000 microprocesadores, por el contrario, si la acogida del mercado no fuese favorable las ventas estimadas serían de 20.000 microprocesadores. El precio de venta de los microprocesadores es de 200 euros cada unidad. El coste del centro de supercomputación es de 2.000.000 de euros, mientras que el de contratar y formar a los nuevos ingenieros asciende a 1.000.000 de euros. El coste de fabricación previsto es de 40 euros cada unidad si se fabrica sin la ayuda del centro de supercomputación, y de 10 euros si se fabrica con dicha ayuda. La probabilidad de que el nuevo microprocesador reciba una acogida favorable por parte del mercado es del 50%.

1. Sugiera la decisión que debe tomar la dirección de la empresa en base a la aplicación del criterio del valor esperado.

2. Determine para qué rango de probabilidades de mercado favorable debe comprar el centro de supercomputación.

3. Se han definido las ventas favorables como las que alcancen las 50.000 unidades. Es probable que dicha cifra sea demasiado optimista, halle el valor por el que cambiaría su decisión y contrataría más ingenieros.

Solución:

1. Sugiera la decisión que debe tomar la dirección de la empresa en base a la aplicación del criterio del valor esperado

Paso 1 - Enumere las diferentes alternativas de decisión.

Comprar centro de supercomputación.

Contratar más ingenieros.

No desarrollar el nuevo producto.

Paso 2 - Enumere para cada una de las alternativas de decisión, los estados de la naturaleza asociados a la misma.

Alternativas	Estados de la naturaleza
Comprar centro de supercomputación	Mercado favorable Mercado desfavorable
No desarrollar el nuevo producto	
Contratar más ingenieros	Mercado favorable Mercado desfavorable

Paso 3 - Explicite el árbol de decisión.

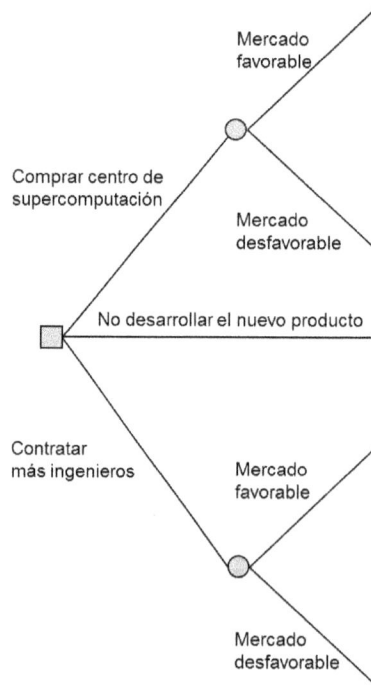

Paso 4 - Asigne las probabilidades *a priori* de cada uno de los estados de la naturaleza.

Paso 5 - Calcule el beneficio de cada una de las ramas del árbol.

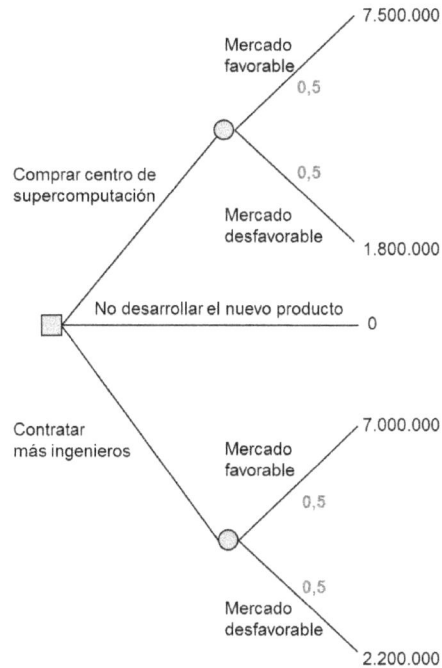

Ingresos:

En el caso de mercado favorable:

> 50.000 microprocesadores x 200 euros/microprocesador = 10.000.000 euros.

En caso de mercado desfavorable:

> 20.000 microprocesadores x 200 euros/microprocesador = 4.000.000 euros.

Costes de fabricación:

Compra del centro de supercomputación y el mercado favorable:

> 50.000 microprocesadores x 10 euros/microprocesador = 500.000 euros.

Compra del centro de supercomputación y mercado desfavorable:

> 20.000 microprocesadores x 10 euros/microprocesador = 200.000 euros.

Contratar más ingenieros y el mercado favorable:

50.000 microprocesadores x 40 euros/microprocesador = 2.000.000 euros.

Contratar más ingenieros y el mercado desfavorable:

20.000 microprocesadores x 40 euros/microprocesador = 800.000 euros.

Costes fijos:

Compra del centro de supercomputación = 2.000.000 euros.

Contratación y formación nuevos ingenieros = 1.000.000 euros.

El **beneficio de cada rama** lo obtiene restando los gastos de los ingresos:

Beneficio si compra el centro de supercomputación y el mercado es favorable:

10.000.000 – 500.00 – 2.000.000 = 7.500.000 euros.

Beneficio si compra el centro de supercomputación y el mercado es desfavorable:

4.000.000 – 200.000 – 2.000.000 = 1.800.000 euros.

Beneficio si contrata más ingenieros y el mercado es favorable:

10.000.000 – 2.000.000 – 1.000.000 = 7.000.000 euros.

Beneficio si contrata más ingenieros y el mercado es desfavorable:

4.000.000 – 800.000 – 1.000.000 = 2.200.000 euros.

Paso 6 - Resuelva el árbol de decisión de derecha a izquierda. Dado que la etapa final es probabilista debe aplicar el criterio de la esperanza matemática con el objetivo de determinar el beneficio esperado de cada alternativa de decisión.

(7.500.000 x 0,5) + (1.800.000 x 0,5) = 4.650.000 euros.

(7.000.000 x 0,5) + (2.200.000 x 0,5) = 4.600.000 euros.

Coloque los resultados en el árbol de decisión encima del nudo correspondiente.

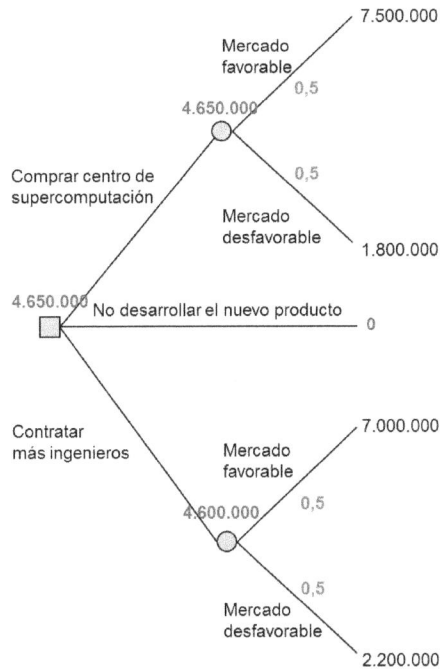

Resuelva la etapa anterior. Dado que esta primera etapa es determinista y que los valores que ha calculado son beneficios, debe elegir la alternativa cuyo beneficio sea mayor y colocar el resultado encima del nudo correspondiente.

En base al criterio del valor esperado, la decisión que debe tomar la dirección de la empresa la de comprar el centro de supercomputación, esperando obtener un beneficio de 4.650.000 euros.

2. Determine para qué rango de probabilidades de mercado favorable debe comprar el centro de supercomputación

El árbol de decisión es el mismo del apartado anterior, siendo en este caso p la probabilidad *a priori* de que la demanda del mercado sea favorable y $(1 - p)$ la probabilidad *a priori* de que la demanda sea desfavorable.

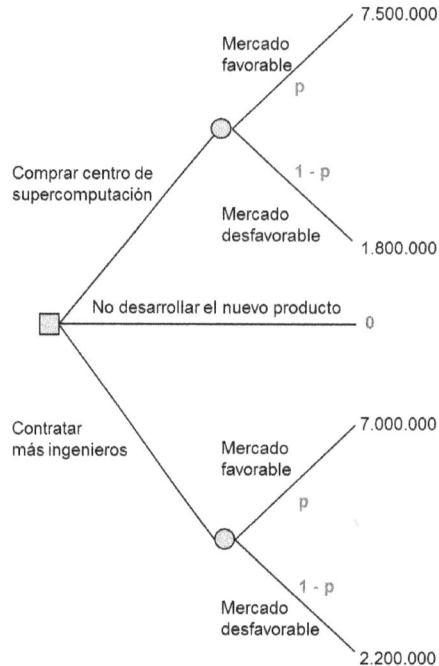

Resuelva seguidamente el árbol de decisión. Dado que la etapa final es probabilista debe aplicar el criterio de la esperanza matemática con el objetivo de determinar el beneficio esperado de cada alternativa de decisión.

$$(7.500.000 \times p) + (1.800.000 \times (1 - p))$$

$$(7.000.000 \times p) + (2.200.000 \times (1 - p))$$

Interesa comprar el centro de supercomputación siempre que el beneficio esperado de comprar dicho centro sea superior al de contratar más ingenieros y al de no desarrollar el nuevo producto:

$$(7.500.000 \times p) + (1.800.000 \times (1 - p)) > (7.000.000 \times p) + (2.200.000 \times (1 - p)) \rightarrow p > 0,444$$

$$(7.500.000 \times p) + (1.800.000 \times (1 - p)) > 0 \rightarrow p > 0$$

Interesa comprar el centro de supercomputación siempre que la probabilidad *a priori* de mercado favorable sea superior al 44,44%.

3. Se han definido las ventas favorables como las que alcancen las 50.000 unidades. Es probable que dicha cifra sea demasiado optimista, halle el valor por el que cambiaría su decisión y contrataría más ingenieros

El árbol de decisión así como las probabilidades *a priori* de cada uno de los estados de la naturaleza son los mismos del primer apartado de este ejercicio. Definiendo VE como las ventas favorables, los beneficios en este caso son:

Ingresos:

Mercado favorable:

$$VE \text{ microprocesadores} \times 200 \text{ euros/microprocesador} = 200 \text{ VE euros}$$

Mercado desfavorable:

$$20.000 \text{ microprocesadores} \times 200 \text{ euros/microprocesador} = 4.000.000 \text{ euros}$$

Costes de fabricación:

Compra del centro de supercomputación y mercado favorable:

$$VE \text{ microprocesadores} \times 10 \text{ euros/microprocesador} = 10 \text{ VE euros}$$

Compra del centro de supercomputación y mercado desfavorable:

$$20.000 \text{ microprocesadores} \times 10 \text{ euros/microprocesador} = 200.000 \text{ euros}$$

Contratar ingenieros y mercado favorable:

$$VE \text{ microprocesadores} \times 40 \text{ euros/microprocesador} = 40 \text{ VE euros}$$

Contratar ingenieros y mercado desfavorable:

$$20.000 \text{ microprocesadores} \times 40 \text{ euros/microprocesador} = 800.000 \text{ euros}$$

Costes fijos:

Compra del centro de supercomputación = 2.000.000 euros

Contratación y formación nuevos ingenieros = 1.000.000 euros

Beneficio de cada rama del árbol:

Beneficio si compra el centro de supercomputación y el mercado es favorable:

$$200 \text{ VE} - 10 \text{ VE} - 2.000.000 = 190 \text{ VE} - 2.000.000 \text{ euros}$$

Beneficio si compra el centro de supercomputación y el mercado es desfavorable:

$$4.000.000 - 200.000 - 2.000.000 = 1.800.000 \text{ euros}$$

Beneficio si contrata más ingenieros y el mercado es favorable:

$$200 \text{ VE} - 40 \text{ VE} - 1.000.000 = 160 \text{ VE} - 1.000.000 \text{ euros}$$

Beneficio si contrata más ingenieros y el mercado es desfavorable:

$$4.000.000 - 800.000 - 1.000.000 = 2.200.000 \text{ euros}$$

Resuelva seguidamente el árbol de decisión. Dado que la etapa final es probabilista debe aplicar el criterio de la esperanza matemática con el objetivo de determinar el beneficio esperado de cada alternativa de decisión.

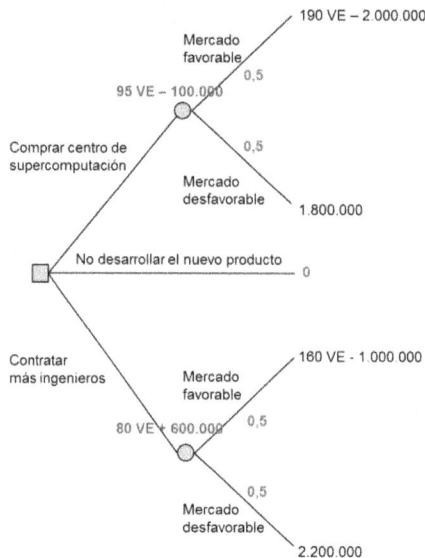

$$((190 \text{ VE} - 2.000.000) \times 0,5) + (1.800.000 \times 0,5) = 95 \text{ VE} - 100.000$$

$$((160 \text{ VE} - 1.000.000) \times 0,5) + (2.200.000 \times 0,5) = 80 \text{ VE} + 600.000$$

Contrataría más ingenieros cuando:

$$80 \text{ VE} + 600.000 > 95 \text{ VE} - 100.000 \quad \rightarrow \quad \text{VE} < 46.666,66$$

Contrataría más ingenieros cuando las ventas favorables sean inferiores a 46.666,66 microprocesadores.

Ejercicio 9

El departamento de I + D de una pequeña empresa está desarrollando un nuevo producto. El gerente de la empresa puede: vender dicho producto a una gran compañía multinacional por 100 millones de euros, poner en marcha una prueba de mercado antes de tomar una decisión, o bien, adelantar la campaña de marketing del nuevo producto con la finalidad de adelantarse a la competencia, confiando en que el desarrollo del mismo culminará con éxito.

Las pruebas de mercado del producto ascienden a 8 millones de euros, existiendo un 60% de probabilidades de que los resultados de las mismas sean favorables, en cuyo caso se estima que valor del nuevo producto asciende a 40 millones de euros. En caso de un resultado desfavorable pueden encontrase aplicaciones alternativas para el producto en uno de cada cinco casos, si bien el valor del mismo se reduce a 20 millones de euros.

En caso de que el resultado de las pruebas de mercado sea favorable, la probabilidad de que el producto tenga una buena acogida por parte de los clientes es tan solo del 60%. Si se opta por comercializar el producto, los gastos de comercialización ascienden a 5 millones de euros.

La posibilidad de que el gerente adopte la tercera alternativa, adelantar la campaña de marketing del nuevo producto, se estiman en una entre cuatro. Sin embargo, los resultados esperados si hiciera esto con éxito son de ciento sesenta millones de euros. En caso de resultado desfavorable de las pruebas de mercado como siempre, existe la posibilidad de encontrar aplicaciones alternativas para el producto en uno de cada cinco casos, en cuyo caso el valor del mismo es de 80 millones de euros.

Esta tercera alternativa requiere llevar a cabo las pruebas de mercado así como la comercialización del producto, tanto sí el producto tiene éxito como sino. Indique la decisión que deberá tomar el gerente de la empresa.

Solución:

Paso 1 - Enumere las diferentes alternativas de decisión.

Vender dicho producto a una gran compañía multinacional.

Adelantar la campaña de marketing del nuevo producto.

Poner en marcha una prueba de mercado.

Paso 2 - Enumere para cada una de las alternativas de decisión, los estados de la naturaleza asociados a la misma.

Alternativas	Estados de la naturaleza
Vender	
Marketing	Resultado favorable de las pruebas Resultado desfavorable de las pruebas
Prueba	Resultado favorable de las pruebas Resultado desfavorable de las pruebas

Conocido el resultado de las pruebas de mercado, sea éste favorable o desfavorable, debe decidir si comercializa o no el producto.

Alternativas	Estados de la naturaleza	Alternativas
Vender		
Marketing	Favorable	Comercializo No comercializo
	Desfavorable	Comercializo No comercializo
Prueba	Favorable	Comercializo No comercializo
	Desfavorable	Comercializo No comercializo

Si el resultado de las pruebas de mercado es favorable y toma la decisión de comercializar el nuevo producto, los estados posibles de la naturaleza son, que el nuevo producto tenga buena acogida por parte de los clientes (tenga Éxito), o contrariamente que el producto no tenga una buena acogida (Fracaso).

Por su parte, si el resultado de las pruebas de mercado es desfavorable y toma la decisión de comercializar el nuevo producto, los estados posibles de la naturaleza son, que encuentre aplicaciones alternativas para el producto, o contrariamente que no las encuentre (No alternativas).

Paso 3 - Explicite el árbol de decisión.

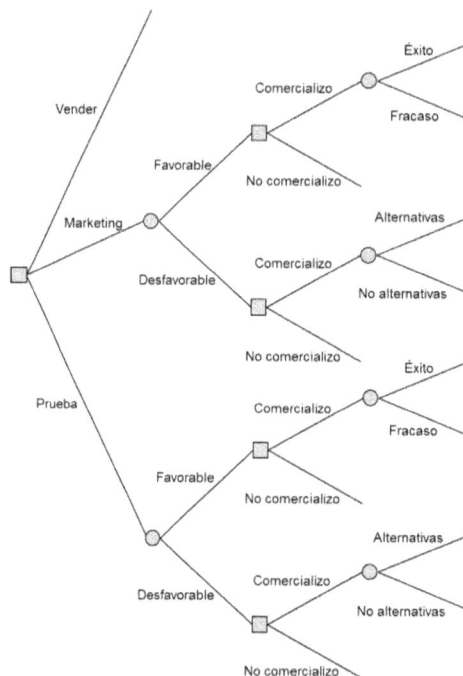

Paso 4 - Asigne las probabilidades *a priori* de cada uno de los estados de la naturaleza.

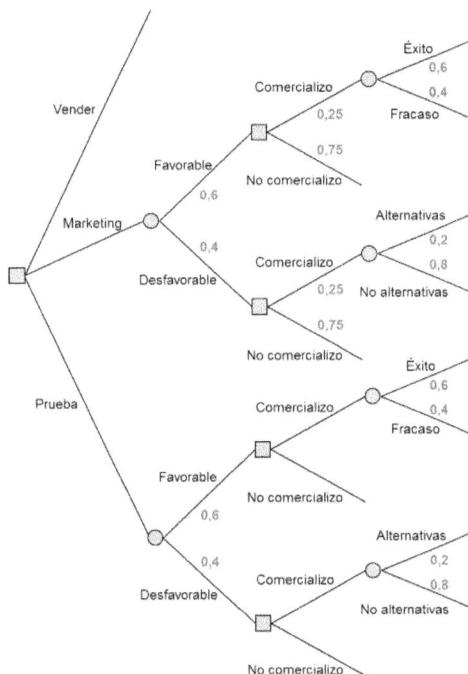

Paso 5 - Calcule el beneficio de cada una de las ramas del árbol.

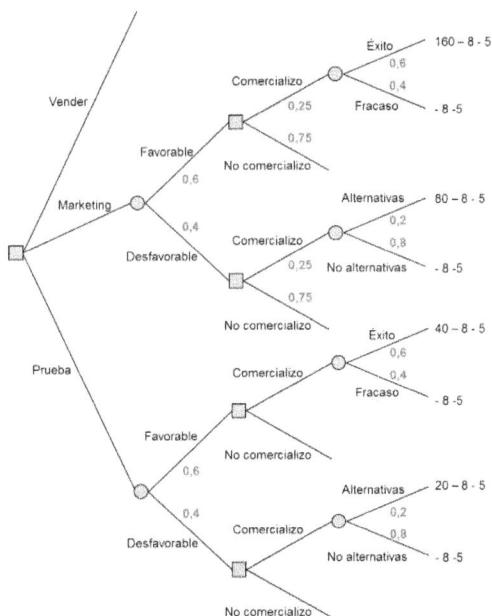

El beneficio de cada rama lo obtiene restando al valor del producto en cada rama, los gastos de 8 millones de euros de las pruebas de mercado, y los gastos de 5 millones de euros de la comercialización.

Paso 6 - Resuelva el árbol de decisión de derecha a izquierda. Dado que la etapa final es probabilista debe aplicar el criterio de la esperanza matemática con el objetivo de determinar el beneficio esperado de cada alternativa de decisión.

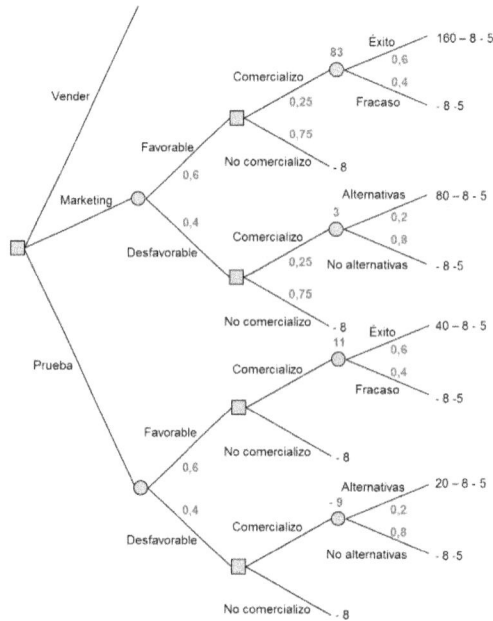

$$((160 - 8 - 5) \times 0,6) + ((-8 - 5) \times 0,4) = 83 \text{ euros}$$

$$((80 - 8 - 5) \times 0,2) + ((-8 - 5) \times 0,8) = 3 \text{ euros}$$

$$((40 - 8 - 5) \times 0,6) + ((-8 - 5) \times 0,4) = 11 \text{ euros}$$

$$((20 - 8 - 5) \times 0,2) + ((-8 - 5) \times 0,8) = -9 \text{ euros}$$

En caso de realizar las pruebas de mercado y no comercializar el nuevo producto, incurre en un gasto de 8 millones de euros de las pruebas de mercado.

Paso 7 - Resuelva la etapa anterior. Si es probabilista aplique el criterio del valor esperado, por el contrario, si es determinista y dado que los valores calculados son beneficios esperados, debe elegir la alternativa cuyo beneficio sea mayor.

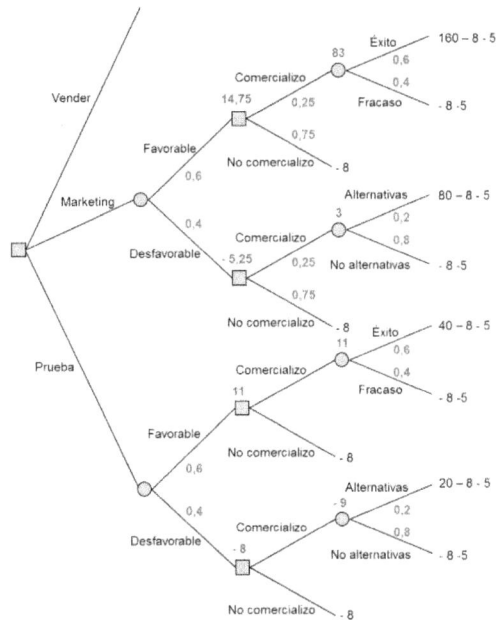

$$(83 \times 0,25) + ((-8) \times 0,75) = 14,75 \text{ euros}$$

$$(3 \times 0,25) + ((-8) \times 0,75) = -5,25 \text{ euros}$$

Paso 8 - Resuelva la etapa anterior. Dado que se trata de una etapa probabilista debe aplicar el criterio de la esperanza matemática con el objetivo de determinar el beneficio esperado de cada alternativa de decisión.

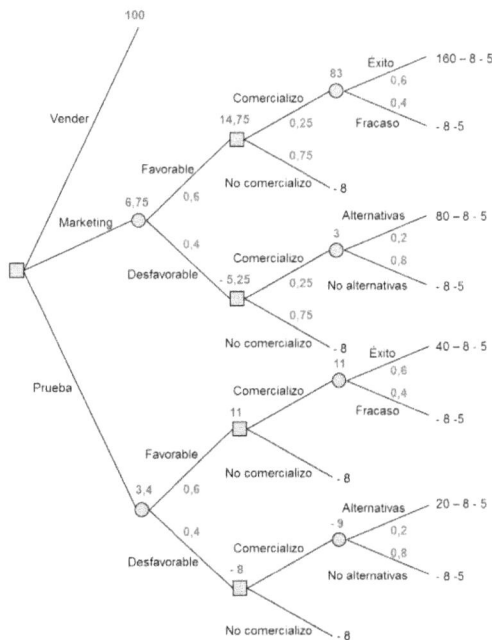

$$(14,75 \times 0,6) + ((-5,25) \times 0,4) = 6,75 \text{ euros}$$

$$(11 \times 0,6) + ((-8) \times 0,4) = 3,4 \text{ euros}$$

Finalmente resolviendo la última etapa, elige la alternativa cuyo beneficio sea mayor dado que la etapa es determinista y los valores calculados beneficios esperados.

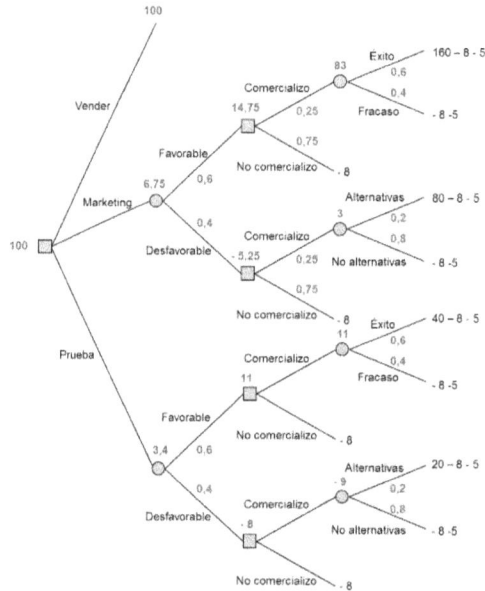

La decisión que debe tomar el gerente de la empresa es la de vender el nuevo producto a una gran compañía multinacional, esperando con ello obtener un beneficio de 100 millones de euros.

Ejercicio 10

Una empresa cuyo objeto es la venta de coches de segunda mano cobra un 10% de comisión sobre las ventas. Dicha empresa ha recibido el pedido de un cliente de vender tres automóviles de su propiedad, el primero de ellos un flamante utilitario valorado en 10.000 euros, el segundo un deportivo valorado en 60.000 euros y el tercero un vehículo todoterreno 4x4 Turbo casi nuevo cuya valoración asciende a 100.000 euros. Las cláusulas pactadas en el pedido entre el cliente y la empresa establecen que obligatoriamente el utilitario debe ser vendido primero en el plazo de un mes, en caso contrario queda anulado el pedido. Vendido el utilitario, la empresa puede optar por vender el deportivo, el todoterreno, o cancelar el pedido. Por último, una vez vendido el segundo vehículo, la empresa podrá cancelar el pedido o vender el tercer coche. Los gastos de publicidad que estima la empresa serán necesarios para vender dichos automóviles así como la probabilidad de vender cada uno de ellos, vienen dados en la tabla siguiente:

	Gastos publicidad	Probabilidad
Utilitario	3.000 euros	40%
Deportivo	1.000 euros	80%
Todo terreno 4x4 Turbo	2.000 euros	60%

Determine si el gerente de la empresa debe o no aceptar el pedido que le formaliza el cliente.

Solución:

Paso 1 - Enumere las diferentes alternativas de decisión.

Aceptar el pedido que propone el cliente.

No aceptar el pedido que propone el cliente.

Paso 2 - Enumere para cada una de las alternativas de decisión, los estados de la naturaleza asociados a la misma.

Alternativas	Estados de la naturaleza
Aceptar	Vende el utilitario No vende el utilitario
No aceptar	

Si consigue vender el utilitario, debe decidir si prueba vender el deportivo, prueba vender el 4x4, o cancela el pedido.

Alternativas	Estados de la naturaleza	Alternativas
Aceptar	Vende utilitario	Prueba vender el deportivo Prueba vender el 4x4 Cancela pedido
	No vende utilitario	
No aceptar		

Si prueba vender el deportivo, los estados posibles de la naturaleza son, que consiga o no la venta del deportivo. En caso de que venda el deportivo debe decidir si prueba vender el 4x4 o cancela el pedido. Si prueba vender el 4x4 puede ocurrir que lo venda o que no lo venda.

Por su parte, si prueba vender el 4x4, los estados posibles de la naturaleza son, que consiga o no la venta del mismo. En caso de que venda el 4x4 debe decidir si prueba vender el deportivo o cancela el pedido. Si prueba vender el deportivo puede suceder que lo venda o que no lo venda.

Paso 3 - Explicite el árbol de decisión.

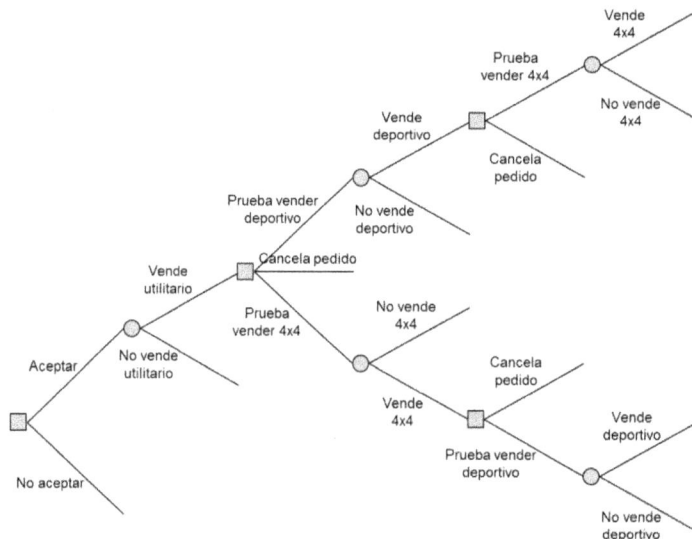

Paso 4 - Asigne las probabilidades *a priori* de cada uno de los estados de la naturaleza.

Paso 5 - Calcule el beneficio de cada una de las ramas del árbol.

El beneficio de cada rama lo obtiene restando los gastos de los ingresos. Los ingresos vienen dados por la comisión que cobra la empresa por la venta de los vehículos (10 % sobre ventas), mientras que los gastos se reducen exclusivamente a los gastos de publicidad que estima la empresa necesarios para vender dichos automóviles.

Beneficio si vende el utilitario, el deportivo y el 4x4:

$$((10.000 + 60.000 + 100.000) \times 0,1) - (3.000 + 1.000 + 2.000) = 11.000 \text{ euros}$$

Beneficio si vende el utilitario, el deportivo y no vende el 4x4:

$$((10.000 + 60.000) \times 0,1) - (3.000 + 1.000 + 2.000) = 1.000 \text{ euros}$$

Beneficio si vende el utilitario y el deportivo:

$$((10.000 + 60.000) \times 0,1) - (3.000 + 1.000) = 3.000 \text{ euros}$$

Beneficio si vende el utilitario y no vende el deportivo:

$$(10.000 \times 0,1) - (3.000 + 1.000) = -3.000 \text{ euros}$$

Beneficio si vende el utilitario:

$$(10.000 \times 0,1) - 3.000 = - 2.000 \text{ euros}$$

Beneficio si vende el utilitario y no vende el 4x4:

$$(10.000 \times 0,1) - (3.000 + 2.000) = - 4.000 \text{ euros}$$

Beneficio si vende el utilitario y el 4x4:

$$((10.000 + 100.000) \times 0,1) - (3.000 + 2.000) = 6.000 \text{ euros}$$

Beneficio si vende el utilitario, el 4x4 y no vende el deportivo:

$$((10.000 + 100.000) \times 0,1) - (3.000 + 1.000 + 2.000) = 5.000 \text{ euros}$$

Paso 6 - Resuelva el árbol de decisión de derecha a izquierda. Dado que la etapa final es probabilista debe aplicar el criterio de la esperanza matemática con el objetivo de determinar el beneficio esperado de cada alternativa de decisión.

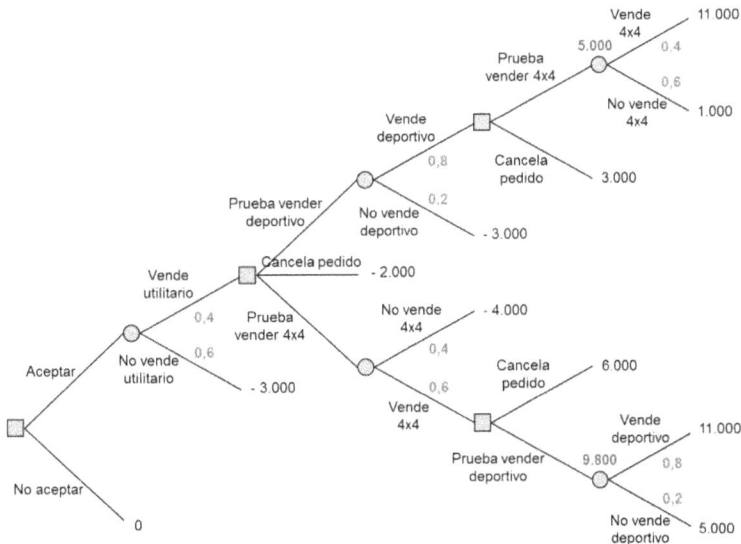

$$(11.000 \times 0,4) + (1.000 \times 0,6) = 5.000 \text{ euros}$$

$$(11.000 \times 0,8) + (5.000 \times 0,2) = 9.800 \text{ euros}$$

Paso 7 - Resuelva la etapa anterior. Dado que es una etapa determinista y que los valores calculados son beneficios esperados, debe elegir la alternativa cuyo beneficio sea mayor.

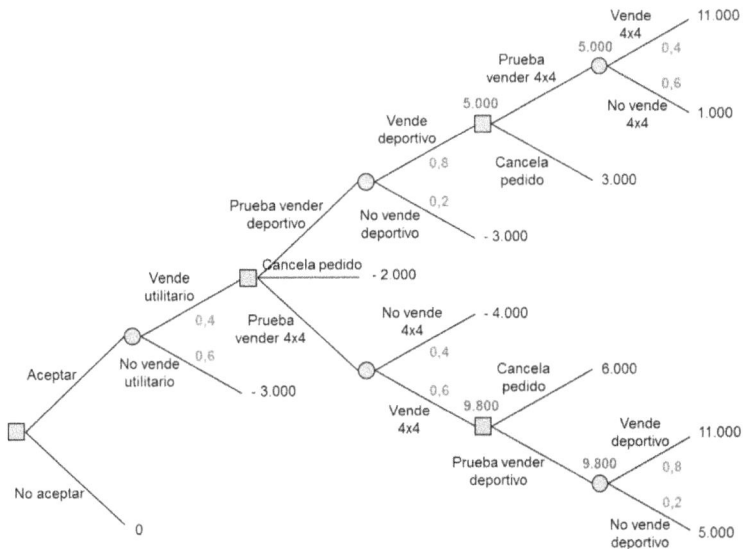

Paso 8 - Resuelva la etapa anterior. Dado que se trata de una etapa probabilista debe aplicar el criterio de la esperanza matemática con el objetivo de determinar el beneficio esperado de cada alternativa de decisión.

$$(5.000 \times 0,8) + ((- 3.000) \times 0,2) = 3.400 \text{ euros}$$

$$((- 4.000) \times 0,4) + (9.800 \times 0,6) = 4.280 \text{ euros}$$

Paso 9 - Resuelva la etapa anterior. Al tratarse de una etapa determinista y que los valores calculados son beneficios esperados, debe elegir la alternativa cuyo beneficio sea mayor.

Paso 10 - Resuelva la etapa anterior. Por tratarse de una etapa probabilista debe aplicar el criterio de la esperanza matemática con el objetivo de determinar el beneficio esperado de cada alternativa de decisión.

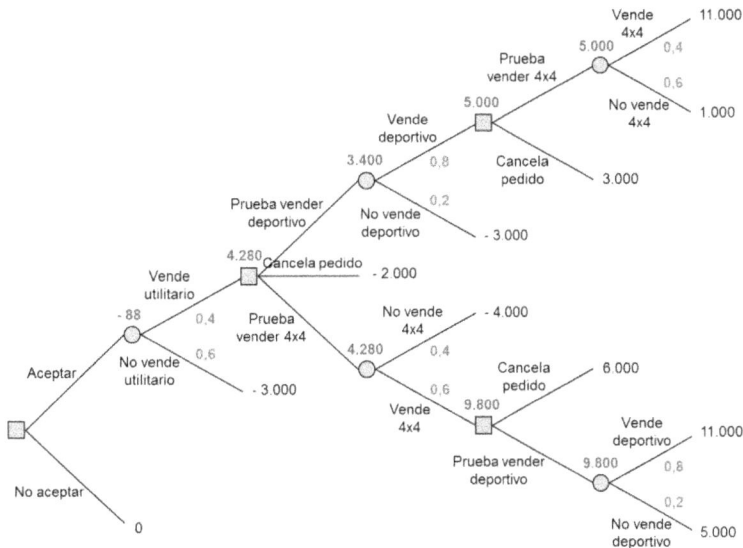

$$(4.280 \times 0,4) + ((- 3.000) \times 0,6) = - 88 \text{ euros}$$

Finalmente resolviendo la última etapa, elige la alternativa cuyo beneficio sea mayor dado que la etapa es determinista y los valores calculados beneficios esperados.

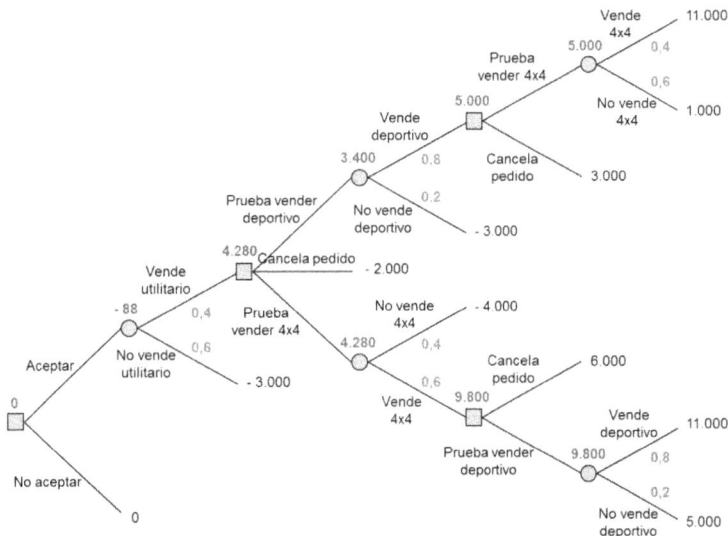

En base al criterio del valor esperado, la decisión que debe tomar el gerente de la empresa es la de no aceptar el pedido que le formaliza el cliente, esperando con ello obtener un beneficio de 0 euros.

Ejercicio 11

El gerente de la empresa dedicada a la venta de coches de segunda mano del ejercicio anterior, conoce a un importante piloto de carreras que puede proporcionarle información cien por cien fiable de los automóviles que conseguirá vender, así como el orden en que logrará dichas ventas. Calcule lo que el gerente estaría dispuesto a pagar al piloto por proporcionarle dicha información.

Solución:

Paso 1 - Enumere las diferentes alternativas de decisión.

Consultar **al piloto.**

No consultar **al piloto.**

En caso de no consultar al piloto, el árbol de decisión se corresponde con el del ejercicio anterior, en el que el beneficio esperado es de 0 euros.

Paso 2 - Enumere todas y cada una de las informaciones que puede proporcionarle el piloto en caso de que usted le solicite dicha información.

Alternativas	Información que puede proporcionar el piloto
Consultar	No vende el utilitario
	Vende el utilitario, no vende el deportivo, vende el 4x4
	Vende el utilitario, vende el deportivo, vende el 4x4
	Vende el utilitario, vende el deportivo, no vende el 4x4
	Vende el utilitario, no vende el deportivo, no vende el 4x4

Paso 3 - Explicite el árbol de decisión.

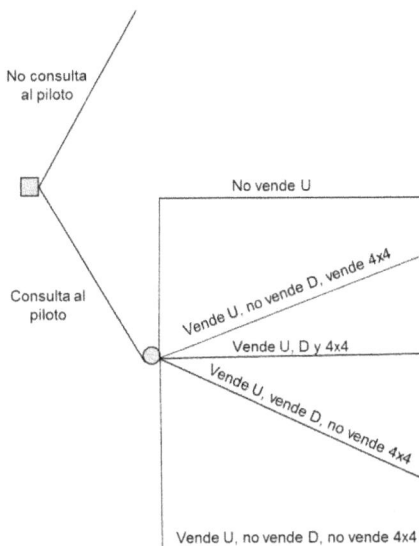

Donde U hace referencia al automóvil **Utilitario**, D al **De**portivo, y 4x4 al vehículo todoterreno **4x4**.

Paso 4 - Asigne las probabilidades *a priori* de cada uno de los estados de la naturaleza.

Probabilidad de no vender el utilitario = (1 - 0,4) = 0,6

Probabilidad de vender el utilitario y no vender el deportivo y vender el 4x4:

$$0,4 \times (1 - 0,8) \times 0,6 = 0,048$$

Probabilidad de vender el utilitario y vender el deportivo y vender el 4x4:

$$0,4 \times 0,8 \times 0,6 = 0,192$$

Probabilidad de vender el utilitario y vender el deportivo y no vender el 4x4:

$$0,4 \times 0,8 \times (1 - 0,6) = 0,128$$

Probabilidad de vender el utilitario y no vender el deportivo y no vender el 4x4:

$$0,4 \times (1 - 0,8) \times (1 - 0,6) = 0,032$$

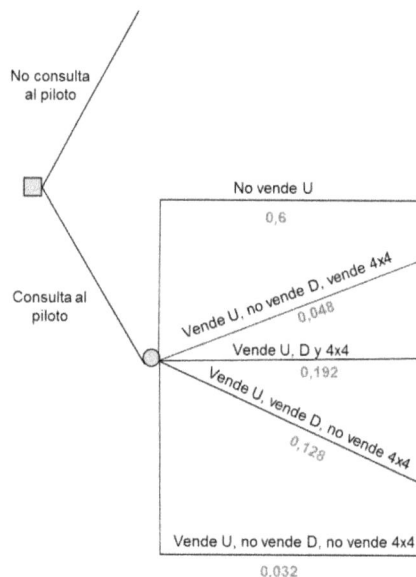

Paso 5 - Calcule el beneficio de cada una de las ramas del árbol.

Beneficio si no vende el utilitario = 0 euros.

Beneficio si vende el utilitario, no vende el deportivo, y vende el 4x4:

$$((10.000 + 100.000) \times 0,1) - (3.000 + 2.000) = 6.000 \text{ euros}$$

Beneficio si vende el utilitario, el deportivo, y el 4x4:

$$((10.000 + 60.000 + 100.000) \times 0,1) - (3.000 + 1.000 + 2.000) = 11.000 \text{ euros}$$

Beneficio si vende el utilitario, el deportivo, y no vende el 4x4:

$$((10.000 + 60.000) \times 0,1) - (3.000 + 1.000) = 3.000 \text{ euros}$$

Beneficio si vende el utilitario, no vende el deportivo, y no vende el 4x4:

$$(10.000 \times 0,1) - 3.000 = -2.000 \text{ euros}$$

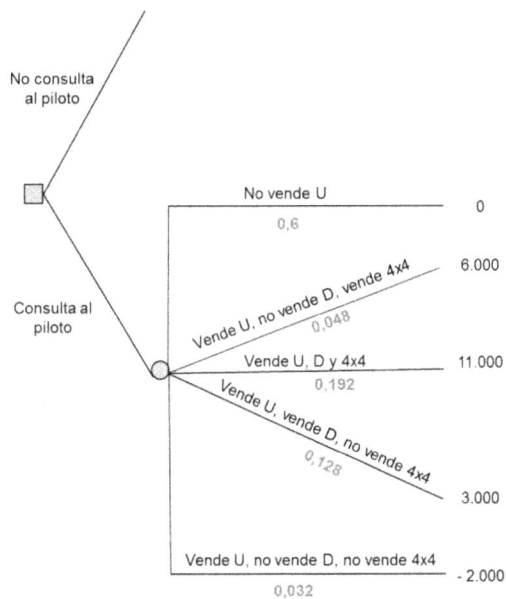

77

Paso 6 - Resuelva el árbol de decisión de derecha a izquierda. Dado que la etapa final es probabilista debe aplicar el criterio de la esperanza matemática con el objetivo de determinar el beneficio esperado.

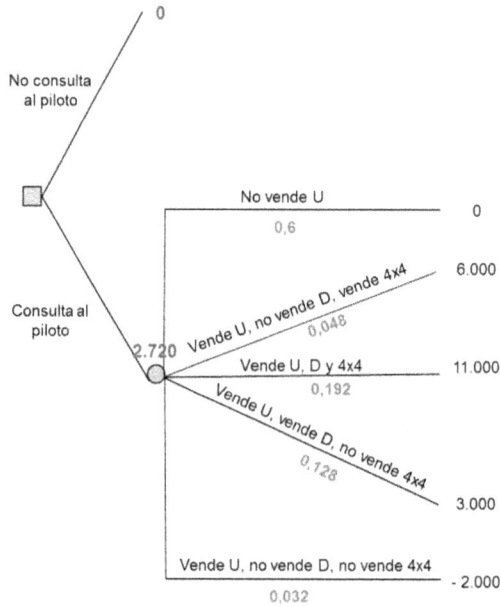

$$(0 \times 0,6) + (6.000 \times 0,048) + (11.000 \times 0,192) + (3.000 \times 0,128) + (- 2.000 \times 0,032) = 2.720 \text{ euros}$$

Paso 7 - Resuelva la etapa anterior. Dado que es una etapa determinista y que los valores calculados son beneficios esperados, debe elegir la alternativa cuyo beneficio sea mayor.

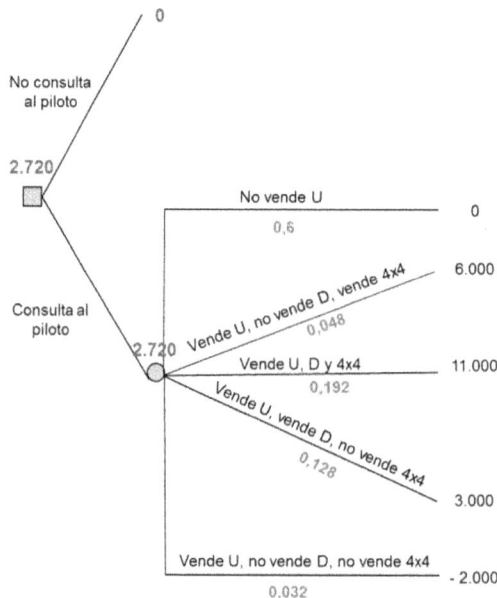

En base al criterio del valor esperado, la decisión que debe tomar el gerente de la empresa es la de consultar al piloto, esperando con ello obtener un beneficio de 2.720 euros.

El valor de la información que aporta el experto, viene dada por la diferencia de beneficios esperados, consultando al experto y sin consultar al experto. Este valor recibe el nombre de valor esperado de la información perfecta, dado que en éste caso el informador es fiable en un ciento por ciento.

Valor de la información perfecta = 2.720 – 0 = 2.720 euros

Como máximo el gerente de la empresa puede pagar al experto 2.720 euros por su información, dado que es el valor de esperado de la misma.

Ejercicio 12

El gerente de la empresa dedicada a la venta de coches de segunda mano del <u>ejercicio número 10</u>, está interesado en estudiar si vale la pena proponer a su cliente, que una vez vendido el utilitario le permita vender el deportivo y el todoterreno 4x4 turbo simultáneamente, en lugar de primero vender uno y después el otro, tal como especifica el pedido.

Solución:

Paso 1 - Enumere las diferentes alternativas de decisión.

Aceptar el nuevo pedido que propone el gerente al cliente.

No aceptar el nuevo pedido que propone el gerente al cliente.

Paso 2 - Enumere para cada una de las alternativas de decisión, los estados de la naturaleza asociados a la misma.

Alternativas	Estados de la naturaleza
Aceptar	Vende el utilitario No vende el utilitario
No aceptar	

Si consigue vender el utilitario, debe decidir si prueba vender el deportivo y el 4x4 simultáneamente, o cancela el pedido.

Alternativas	Estados de la naturaleza	Alternativas
Aceptar	Vende utilitario	Prueba vender el deportivo y el 4x4 simultáneamente Cancela pedido
	No vende utilitario	
No aceptar		

Si prueba vender el deportivo y el 4x4 simultáneamente, los estados posibles de la naturaleza son:

- Que venda el deportivo y venda el 4x4
- Que no venda el deportivo y si venda el 4x4
- Que venda el deportivo y no venda el 4x4
- Que no venda el deportivo y no venda el 4x4

Paso 3 - Explicite el árbol de decisión.

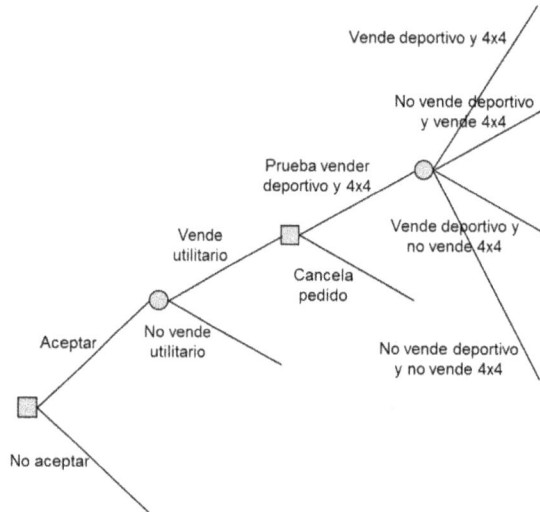

Paso 4 - Asigne las probabilidades *a priori* de cada uno de los estados de la naturaleza.

Probabilidad de vender el deportivo y vender el 4x4:

$$0,8 \times 0,6 = 0,48$$

Probabilidad de no vender el deportivo y vender el 4x4:

$$(1 - 0,8) \times 0,6 = 0,12$$

Probabilidad de vender el deportivo y no vender el 4x4:

$$0,8 \times (1 - 0,6) = 0,32$$

Probabilidad de no vender el deportivo y no vender el 4x4:

$$(1 - 0,8) \times (1 - 0,6) = 0,08$$

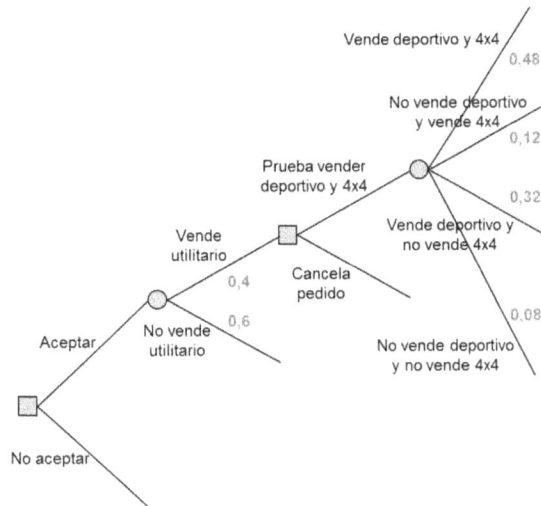

Paso 5 - Calcule el beneficio de cada una de las ramas del árbol.

Beneficio si vende el utilitario, el deportivo y el 4x4:

$$((10.000 + 60.000 + 100.000) \times 0,1) - (3.000 + 1.000 + 2.000) = 11.000 \text{ euros}$$

Beneficio si vende el utilitario, no vende el deportivo y vende el 4x4:

$$((10.000 + 100.000) \times 0,1) - (3.000 + 1.000 + 2.000) = 1.000 \text{ euros}$$

Beneficio si vende el utilitario, vende el deportivo y no vende el 4x4:

$$((10.000 + 60.000) \times 0,1) - (3.000 + 1.000 + 2.000) = 1.000 \text{ euros}$$

Beneficio si vende el utilitario, no vende el deportivo y no vende el 4x4:

$$(10.000 \times 0,1) - (3.000 + 1.000 + 2.000) = -5.000 \text{ euros}$$

Beneficio si vende el utilitario:

$$(10.000 \times 0,1) - 3.000 = -2.000 \text{ euros.}$$

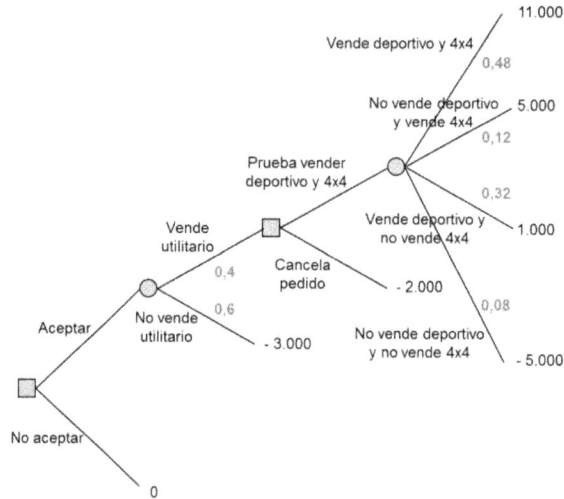

Paso 6 - Resuelva el árbol de decisión de derecha a izquierda. Dado que la etapa final es probabilista debe aplicar el criterio de la esperanza matemática con el objetivo de determinar el beneficio esperado.

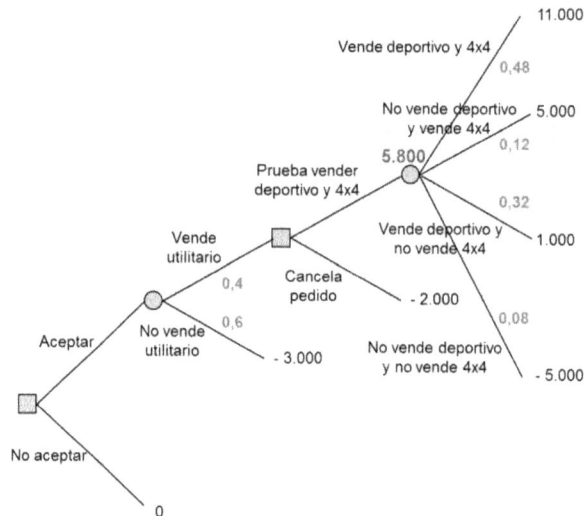

$$(11.000 \times 0,48) + (5.000 \times 0,12) + (1.000 \times 0,32) + ((-5.000) \times 0,08) = 5.800 \text{ euros}$$

Paso 7 - Resuelva la etapa anterior. Dado que es una etapa determinista y que los valores calculados son beneficios esperados, debe elegir la alternativa cuyo beneficio sea mayor.

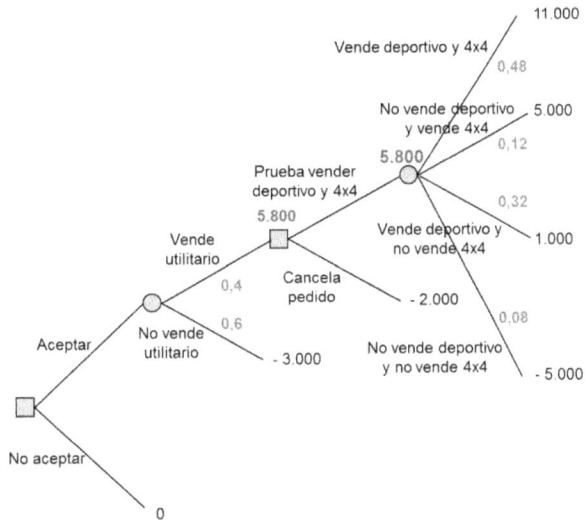

Paso 8 - Resuelva la etapa anterior. Dado que se trata de una etapa probabilista debe aplicar el criterio de la esperanza matemática con el objetivo de determinar el beneficio esperado.

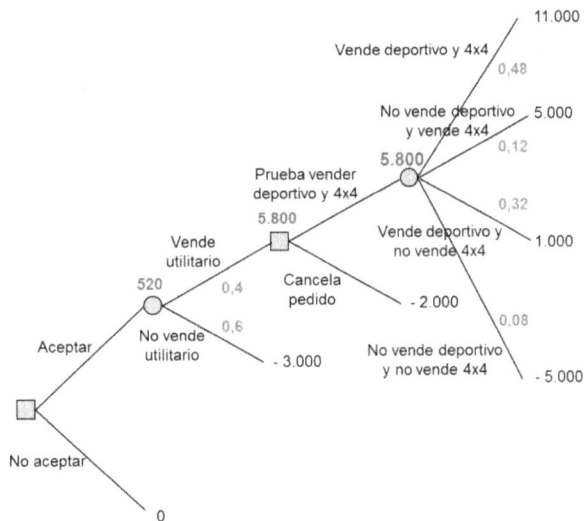

$$(5.800 \times 0,4) + ((-3.000) \times 0,6) = 520 \text{ euros}$$

Paso 9 - Resuelva la etapa anterior. Al tratarse de una etapa determinista y que los valores calculados son beneficios esperados, debe elegir la alternativa cuyo beneficio sea mayor.

En base al criterio del valor esperado, si vale la pena que el gerente de la empresa proponga a su cliente, que una vez vendido el utilitario le permita vender el deportivo y el todoterreno 4x4 turbo simultáneamente, en lugar de primero vender uno y después el otro, tal como especifica el pedido del cliente. Con la nueva propuesta de pedido se espera obtener un beneficio de 520 euros, mientras que con la propuesta de pedido inicial formulada por el cliente (**ver ejercicio 10**) de una vez vendido el utilitario, vender primero un automóvil y después el otro, el beneficio esperado era de 0 euros.

Ejercicio 13

El director de un restaurante de comida lenta está estudiando la posibilidad de ampliar su negocio, para ello está dispuesto a llevar a cabo las reformas que sean necesarias. En concreto está analizando tres mejoras posibles, la primera consistiría en ofrecer además del servicio de restauración, un nuevo servicio como hostal con un total de 8 habitaciones con baño. La segunda mejora se limita a incrementar el número de mesas del restaurante, para ello tiene la posibilidad de usar el segundo piso del local que está ocupando en la actualidad. La tercera mejora se resumiría en dejarlo todo intacto tal como está ahora el restaurante. La tabla siguiente muestra los beneficios que estima el director para cada una de las tres posibles mejoras, así como las probabilidades a priori de que la demanda sea alta o media, según la mejora que ponga en marcha:

Mejora	Demanda Alta	p	Demanda media	p
1	200.000 euros	0.6	70.000 euros	0.4
2	180.000 euros	0.4	160.000 euros	0.6
3	150.000 euros	0.2	140.000 euros	0.8

Solución:

Paso 1 - Enumere las diferentes alternativas de decisión.

Mejora 1.

Mejora 2.

Mejora 3.

Paso 2 - Enumere para cada una de las alternativas de decisión, los estados de la naturaleza asociados a la misma.

Alternativas	Estados de la naturaleza
Mejora 1	Demanda alta Demanda media
Mejora 2	Demanda alta Demanda media
Mejora 3	Demanda alta Demanda media

Paso 3 - Explicite el árbol de decisión.

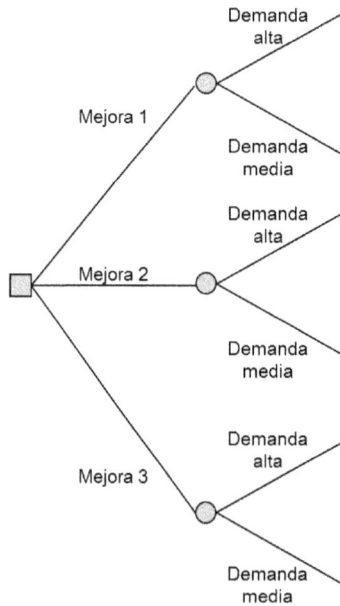

Paso 4 - Asigne las probabilidades *a priori* de cada uno de los estados de la naturaleza.

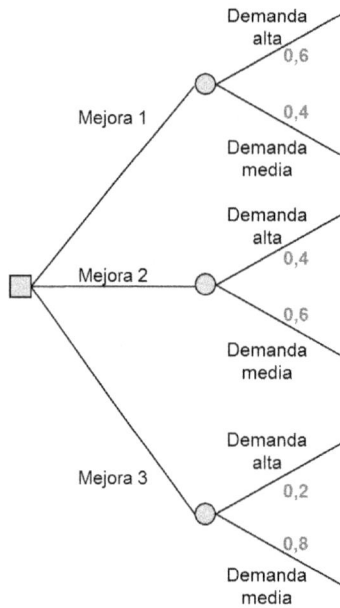

Paso 5 - Calcule el beneficio de cada una de las ramas del árbol.

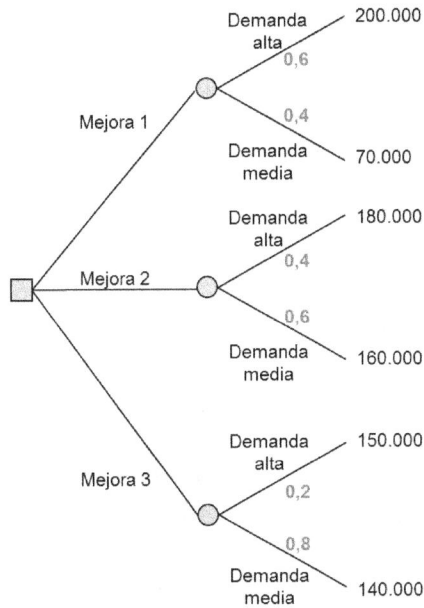

Paso 6 - Resuelva el árbol de decisión de derecha a izquierda. Dado que la etapa final es probabilista debe aplicar el criterio de la esperanza matemática con el objetivo de determinar el beneficio esperado.

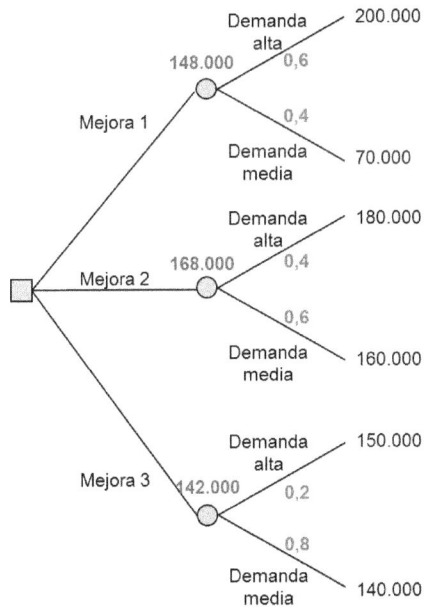

$$(200.000 \times 0,6) + (70.000 \times 0,4) = 148.000 \text{ euros}$$

$$(180.000 \times 0,4) + (16.000 \times 0,6) = 168.000 \text{ euros}$$

$$(150.000 \times 0,2) + (140.000 \times 0,8) = 142.000 \text{ euros}$$

Paso 7 – Resuelva la etapa anterior. Dado que esta primera etapa es determinista y que los valores que ha calculado son beneficios, debe elegir la alternativa cuyo beneficio sea mayor y colocar el resultado encima del nudo correspondiente.

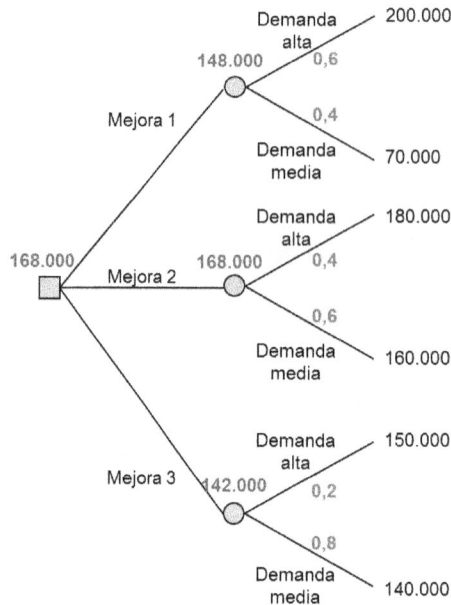

La decisión que debe tomar el director del restaurante es la de poner en marcha la segunda mejora, consistente en incrementar el número de mesas del restaurante, empleando para ello el segundo piso del local en que está ubicado el restaurante, esperando obtener un beneficio de 168.000 euros.

Ejercicio 14

Una empresa está estudiando la construcción de una nueva fábrica que le permita incrementar su capacidad productiva para hacer frente al incremento de la demanda previsto para los próximos años. Las alternativas de localización de la misma son las ciudades de Sevilla, Soria, Valencia, y Orense. Los beneficios estimados para cada alternativa a lo largo de los próximos años se recogen en la tabla.

	Incremento de la demanda		
	Moderado	Elevado	Muy elevado
Sevilla	100.000	400.000	650.000
Soria	140.000	350.000	450.000
Valencia	150.000	570.000	1.000.000
Orense	200.000	500.000	950.000

Determine la ubicación óptima de la nueva planta:

1. Siguiendo los criterios optimista, pesimista y Laplace.

2. Si la probabilidad de un incremento moderado de la demanda es del 60%, de un incremento elevado es del 30%, y de un incremento muy elevado es del 10%.

Solución:

1.1. Determine la ubicación óptima de la nueva planta siguiendo el criterio optimista

Maximizar {Máximo {Beneficio}}

	Moderado	Elevado	Muy elevado	Máximo {Beneficio}
Sevilla	100.000	400.000	650.000	650.000
Soria	140.000	350.000	450.000	450.000
Valencia	150.000	570.000	1.000.000	1.000.000
Orense	200.000	500.000	950.000	950.000

Maximizar {Máximo {Beneficio}}

Máx. {650.000, 450.000, 1.000.000, 950.000} = 1.000.000 euros

La decisión óptima siguiendo el criterio optimista es la de construir la nueva planta en Valencia.

1.2. Determine la ubicación óptima de la nueva planta siguiendo el criterio pesimista

Maximizar {Mínimo {Beneficio}}

	Moderado	Elevado	Muy elevado	Máximo {Beneficio}
Sevilla	100.000	400.000	650.000	100.000
Soria	140.000	350.000	450.000	140.000
Valencia	150.000	570.000	1.000.000	150.000
Orense	200.000	500.000	950.000	200.000

Maximizar {Mínimo {Beneficio}}

Máx. {100.000, 140.000, 150.000, 200.000} = 200.000 euros

La decisión óptima siguiendo el criterio pesimista es la de construir la nueva planta en Orense.

1.3. Determine la ubicación óptima de la nueva planta siguiendo el criterio de Laplace

Criterio de Laplace → Criterio equiprobable → Todos los estados de la naturaleza tienen la misma probabilidad. En este caso los estados de la naturaleza posibles son tres:

- Incremento moderado de la demanda.

- Incremento elevado de la demanda.

- Incremento muy elevado de la demanda.

Dado que los estados de la naturaleza son tres y que todos deben tener la misma probabilidad (criterio de Laplace), la probabilidad *a priori* de cada uno de ellos es del 100 / 3 = 33,33%.

	Moderado	Elevado	Muy elevado	Valor esperado E[x]
Sevilla	100.000	400.000	650.000	383.333
Soria	140.000	350.000	450.000	313.333
Valencia	150.000	570.000	1.000.000	573.333
Orense	200.000	500.000	950.000	550.000
	33.33%	33.33%	33.33%	

Maximizar {Beneficio esperado}

Máx. {383.333, 313.333, 573.333, 550.000} = 573.333 euros

La decisión óptima siguiendo el criterio Laplace es la de construir la nueva planta en Valencia.

2. Si la probabilidad de un incremento moderado de la demanda es del 60%, de un incremento elevado es del 30%, y de un incremento muy elevado es del 10%

En este caso debe aplicarse el criterio de la esperanza matemática.

	Moderado	Elevado	Muy elevado	Máximo {Beneficio}
Sevilla	100.000	400.000	650.000	250.000
Soria	140.000	350.000	450.000	234.000
Valencia	150.000	570.000	1.000.000	361.000
Orense	200.000	500.000	950.000	365.000
	60%	30%	10%	

Maximizar {Beneficio esperado}

Máx. {245.000, 234.000, 361.000, 365.000} = 365.000 euros

La decisión óptima siguiendo el criterio de la esperanza matemática, con las probabilidades *a priori* dadas en el enunciado del ejercicio, es la de construir la nueva planta en Orense.

Ejercicio 15

Una empresa, con el fin de fabricar una nueva línea de productos, está analizando la reforma de su planta actual. La demanda de la nueva línea de productos puede ser favorable o desfavorable. Si la empresa efectúa una reforma profunda de la planta actual, el beneficio estimado en el caso de que la demanda de la nueva línea de productos sea favorable es de 500.000 euros, mientras que si la demanda es desfavorable el beneficio estimado asciende tan solo a 100.000 euros. En el caso de que la reforma que se efectúe en la planta sea moderada, si la demanda es favorable se estiman unos beneficios de 400.000 euros, mientras que si es desfavorable los beneficios estimados son de 250.000 euros. La probabilidad a priori de que la demanda sea favorable o desfavorable es la misma. Obviamente, ni que decir tiene, que la empresa tiene la opción de no poner en marcha la nueva línea de productos.

1. Determine la decisión que debe tomar el empresario.

2. Antes de tomar su decisión, el empresario puede obtener información adicional contratando una firma de investigación de mercado para llevar a cabo un estudio de la demanda. ¿Cuánto estaría dispuesto a pagar por la información exacta?

Solución:

1. Determine la decisión que debe tomar el empresario

Paso 1 - Enumere las diferentes alternativas de decisión.

Hacer una reforma profunda.

Hacer una reforma moderada.

No reformar nada.

Paso 2 - Enumere para cada una de las alternativas de decisión, los estados de la naturaleza asociados a la misma.

Alternativas	Estados de la naturaleza
Hacer una reforma profunda	Demanda favorable Demanda desfavorable
Hacer una reforma moderada	Demanda favorable Demanda desfavorable
No reformar	

Paso 3 - Explicite el árbol de decisión.

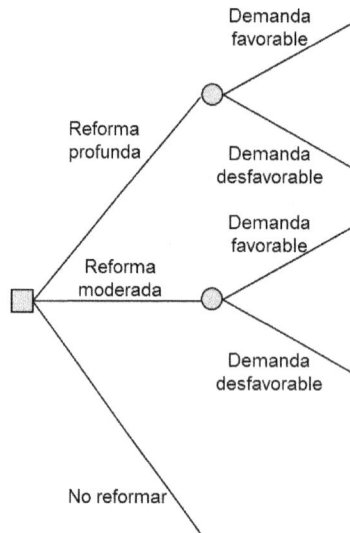

Paso 4 - Asigne las probabilidades *a priori* de cada uno de los estados de la naturaleza.

Según el enunciado del ejercicio, la probabilidad *a priori* de que la demanda sea favorable o desfavorable es la misma.

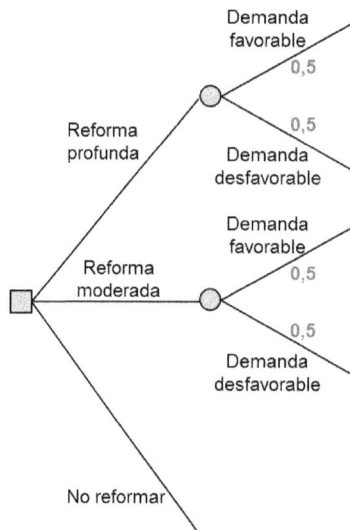

Paso 5 - Calcule el beneficio de cada una de las ramas del árbol.

Los beneficios esperados vienen dados en el enunciado del ejercicio.

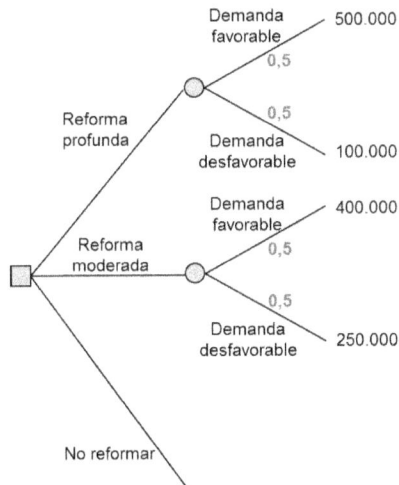

Paso 6 - Resuelva el árbol de decisión de derecha a izquierda. Dado que la etapa final es probabilista debe aplicar el criterio de la esperanza matemática con el objetivo de determinar el beneficio esperado.

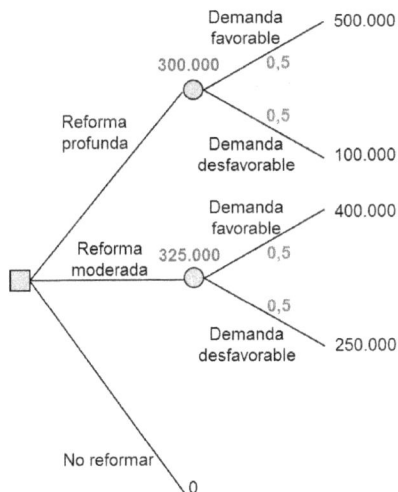

$$(500.000 \times 0,5) + (100.000 \times 0,5) = 300.000 \text{ euros}$$

$$(400.000 \times 0,5) + (250.000 \times 0,5) = 325.000 \text{ euros}$$

Paso 7 - Resuelva la etapa anterior. Dado que esta primera etapa es determinista y que los valores que ha calculado son beneficios, debe elegir la alternativa cuyo beneficio sea mayor y colocar el resultado encima del nudo correspondiente.

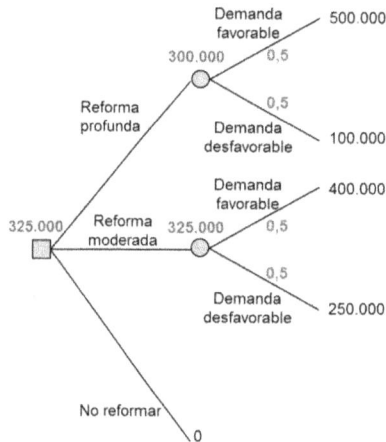

La decisión que debe tomar el empresario es la de llevar a cabo una reforma moderada, esperando obtener un beneficio de 325.000 euros.

2. Antes de tomar su decisión, el empresario puede obtener información adicional contratando una firma de investigación de mercado para llevar a cabo un estudio de la demanda. ¿Cuánto estaría dispuesto a pagar por la información exacta?

Paso 1 - Enumere las diferentes alternativas de decisión.

Obtener información adicional sobre la demanda.

NO obtener información adicional sobre la demanda.

En el caso de que opte por no reunir información adicional, debe decidir si hace una reforma profunda, moderada, o por el contrario no realiza ninguna reforma.

Paso 2 - Enumere para cada una de las alternativas de decisión, los estados de la naturaleza asociados a la misma.

Alternativas		Estados de la naturaleza
Con información		Información demanda favorable
		Información demanda desfavorable
Sin información	Reforma profunda	Demanda favorable
		Demanda desfavorable
	Reforma moderada	Demanda favorable
		Demanda desfavorable
	No reformar	Demanda favorable
		Demanda desfavorable

Obtenida la información, sea ésta favorable o desfavorable, debe decidir si lleva a cabo una reforma profunda, moderada, o por el contrario no realiza ninguna reforma en la planta actual, tras lo cual la demanda podrá ser favorable o desfavorable.

Paso 3 - Explicite el árbol de decisión.

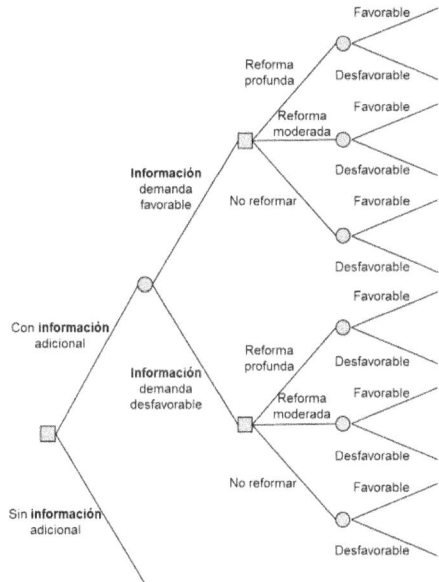

Paso 4 - Asigne las probabilidades *a priori* de cada uno de los estados de la naturaleza.

Dado que la información proporcionada por la compañía de investigación de mercados es exacta, según indica el enunciado, las probabilidades a posteriori (probabilidades condicionales) vienen dadas por:

P(Demanda favorable / Información demanda favorable) = 1

P(Demanda desfavorable / Información demanda favorable) = 0

P(Demanda favorable / Información demanda desfavorable) = 0

P(Demanda desfavorable / Información demanda desfavorable) = 1

De donde, la probabilidad *a priori* de cada uno de los acontecimientos:

P(Información demanda favorable) = [P(Demanda favorable) x P(Información demanda favorable / Demanda favorable)] + [P(Demanda desfavorable) x P(Información demanda favorable / Demanda desfavorable)] = [0,5 x 1] + [0,5 x 0] = 0,5

P(Información demanda desfavorable) = [P(Demanda favorable) x P(Información demanda desfavorable / Demanda favorable)] + [P(Demanda desfavorable) x P(Información demanda desfavorable / Demanda desfavorable)] = [0,5 x 0] + [0,5 x 1] = 0,5

Obviamente, dado que el informador es 100% fiable, las probabilidades *a priori* de que la información sea demanda favorable o desfavorable, se corresponde con las probabilidades *a priori* de que la demanda sea favorable o desfavorable, respectivamente.

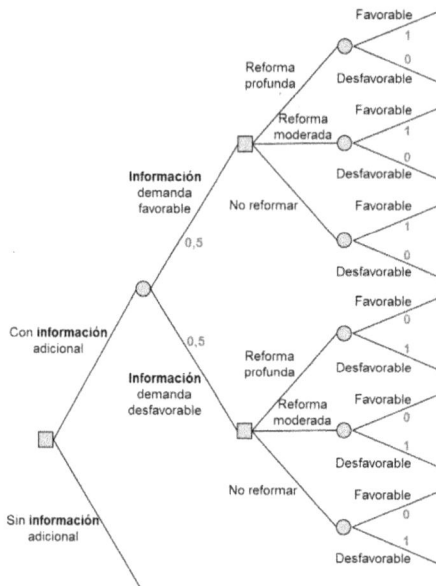

Paso 5 - Calcule el beneficio de cada una de las ramas del árbol.

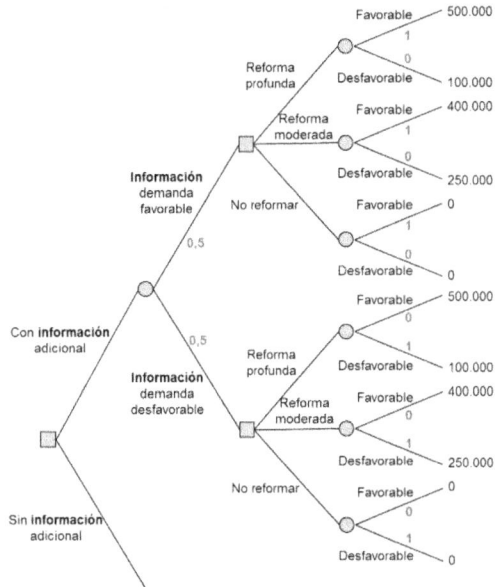

Paso 6 - Resuelva el árbol de decisión de derecha a izquierda. Dado que la etapa final es probabilista debe aplicar el criterio de la esperanza matemática con el objetivo de determinar el beneficio esperado de cada alternativa de decisión.

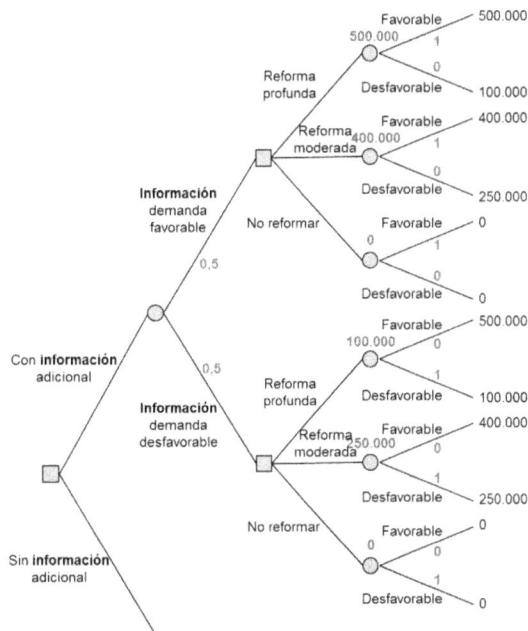

$$(500.000 \times 1) + (100.000 \times 0) = 500.000 \text{ euros}$$

$$(400.000 \times 1) + (250.000 \times 0) = 400.000 \text{ euros}$$

$$(500.000 \times 0) + (100.000 \times 1) = 100.000 \text{ euros}$$

$$(400.000 \times 0) + (250.000 \times 1) = 250.000 \text{ euros}$$

Paso 7 - Resuelva la etapa anterior. Dado que dicha etapa es determinista y que los valores que ha calculado son beneficios, debe elegir la alternativa cuyo beneficio sea mayor y colocar el resultado encima del nudo correspondiente.

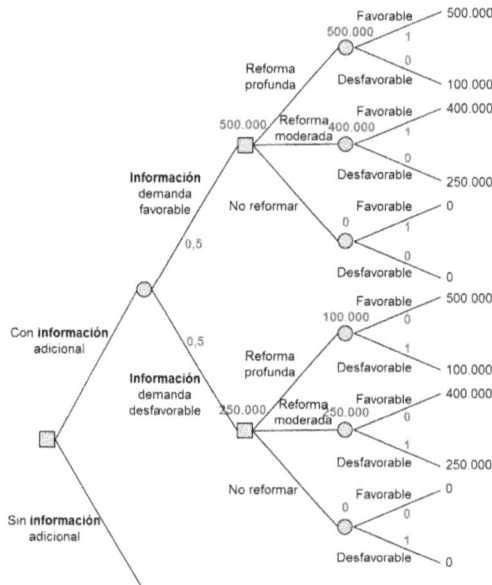

Paso 8 - Resuelva las dos últimas etapas. La etapa penúltima es probabilista por lo que debe aplicar el criterio de la esperanza matemática con el objetivo de determinar el beneficio esperado.

$$(500.000 \times 0,5) + (250.000 \times 0,5) = 375.000 \text{ euros}$$

El beneficio esperado sin reunir información adicional lo ha determinado en el apartado anterior de este mismo ejercicio, resultando un beneficio de 325.000 euros.

La última etapa es determinista, debe pues elegir la alternativa cuyo beneficio sea mayor y colocar el resultado encima del nudo correspondiente.

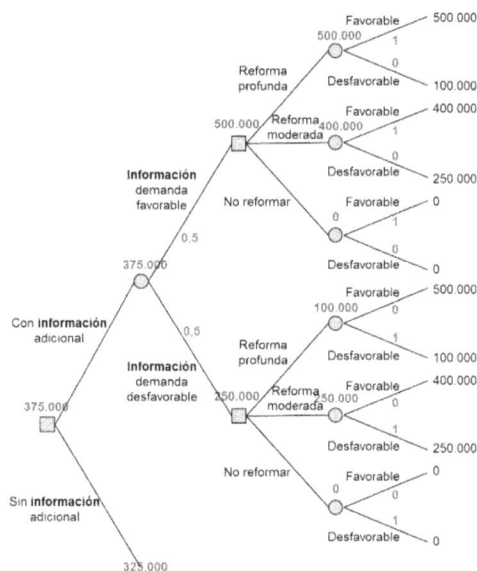

La decisión que debe tomar el empresario es solicitar información adicional, esperando obtener un beneficio de 375.000 euros. Si dicha información resulta favorable debe hacer una reforma profunda de la planta, en caso contrario debe realizar una reforma moderada.

El beneficio esperado con información adicional es de 375.000 euros, mientras que el beneficio esperado sin información adicional asciende a 325.000 euros, de donde el valor de la información aportada por la compañía de investigación de mercados es de:

$$375.000 - 325.000 = 50.000 \text{ euros}$$

Como máximo el empresario estaría dispuesto a pagar 50.000 euros por la información aportada por la compañía de investigación de mercados.

Ejercicio 16

El departamento de investigación y desarrollo de una empresa pretende diseñar un nuevo sistema de comunicación, para ello puede adoptar tres estrategias posibles de diseño. Cuanto mejor sea la estrategia de diseño menor será el coste variable, según el responsable del departamento de investigación y desarrollo, la estimación de costes para cada una de las estrategias es la siguiente:

Estrategia basada en baja tecnología y costes reducidos, consistente en contratar a ingenieros becarios en prácticas. Esta opción tiene un coste fijo de 10.000 euros y unos costes variables unitarios de 1,7, 1,6 y 1,5 euros, con unas probabilidades del 40%, 35%, y 25%, respectivamente.

La segunda estrategia se fundamenta en la subcontratación, recurriendo a personal externo cualificado de alta calidad, lo que conduce a unos costes fijos de 100.000 euros y unos costes variables unitarios de 1,4, 1,3 y 1,2 euros, con unas probabilidades del 60%, 25%, y 15%, respectivamente.

Por último, la tercera estrategia se apoya en alta tecnología, para ello se utilizará el mejor personal de la empresa así como la última tecnología en diseño asistido por computador electrónico. Este enfoque tiene un coste fijo de 250.000 euros y unos costes variables unitarios de 1,1 y 1 euro, con unas probabilidades del 75% y 25%, respectivamente.

Conociendo que la demanda prevista es de 500.000 unidades, determine la decisión que deberá adoptar el responsable del departamento de investigación y desarrollo.

Solución:

Paso 1 - Enumere las diferentes alternativas de decisión.

Adoptar la estrategia basada en baja tecnología.

Adoptar la estrategia basada en subcontratación.

Adoptar la estrategia basada en alta tecnología.

Paso 2 - Enumere para cada una de las alternativas de decisión, los estados de la naturaleza asociados a la misma.

Alternativas	Estados de la naturaleza
Baja tecnología	1,7 euros / unidad
	1,6 euros / unidad
	1,5 euros / unidad
Subcontratación	1,4 euros / unidad
	1,3 euros / unidad
	1,2 euros / unidad
Alta tecnología	1,1 euros / unidad
	1,0 euros / unidad

Paso 3 - Explicite el árbol de decisión.

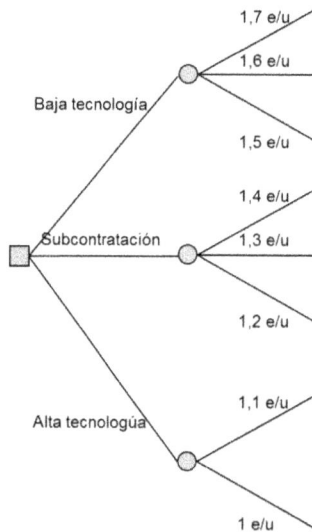

Paso 4 - Asigne las probabilidades *a priori* de cada uno de los estados de la naturaleza.

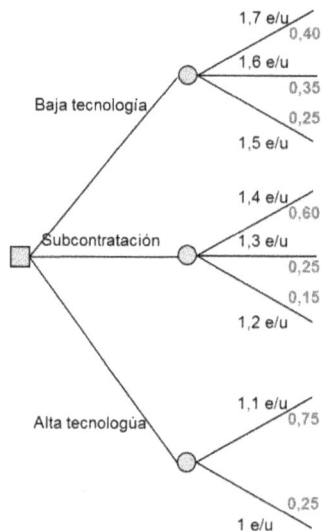

Paso 5 - Calcule el coste de cada una de las ramas del árbol.

$$10.000 + (500.000 \times 1,7) = 860.000$$

$$10.000 + (500.000 \times 1,6) = 810.000$$

$$10.000 + (500.000 \times 1,5) = 760.000$$

$$100.000 + (500.000 \times 1,4) = 800.000$$

$$100.000 + (500.000 \times 1,3) = 750.000$$

$$100.000 + (500.000 \times 1,2) = 700.000$$

$$250.000 + (500.000 \times 1,1) = 800.000$$

$$250.000 + (500.000 \times 1,0) = 750.000$$

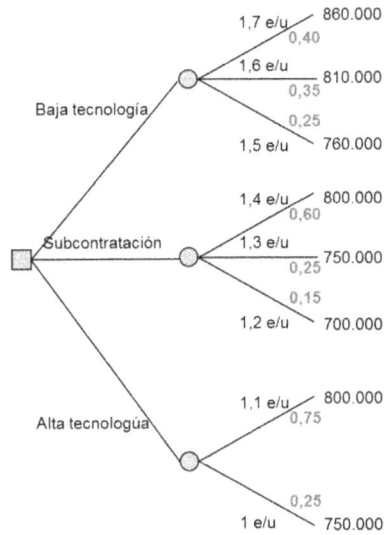

Paso 6 - Resuelva el árbol de decisión de derecha a izquierda. Dado que la etapa final es probabilista debe aplicar el criterio de la esperanza matemática con el objetivo de determinar el coste esperado.

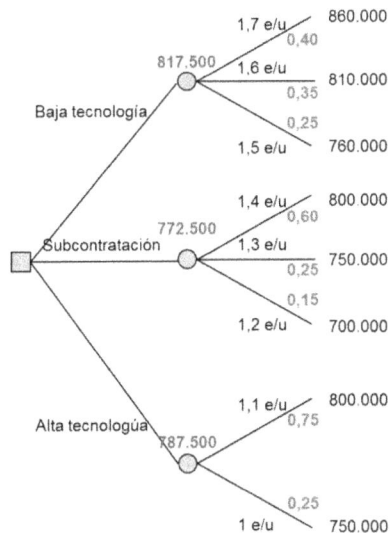

(860.000 x 0,40) + (810.000 x 0,35) + (760.000 x 0,25) = 817.500 euros

(800.000 x 0,60) + (750.000 x 0,25) + (700.000 x 0,15) = 772.500 euros

(800.000 x 0,75) + (750.000 x 0,25) = 787.500 euros

Paso 7 - Resuelva la etapa anterior. Dado que esta primera etapa es determinista y que los valores que ha calculado son costes, debe elegir la alternativa cuyo coste sea menor y colocar el resultado encima del nudo correspondiente.

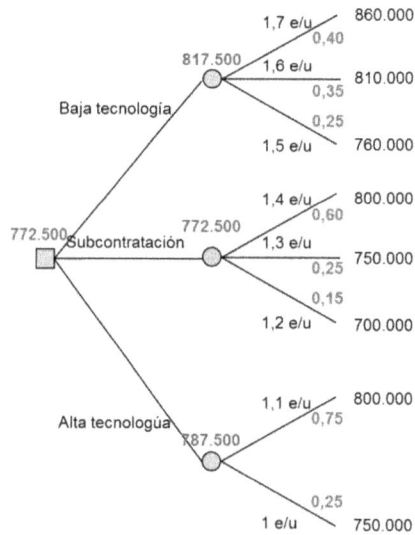

La decisión que debe tomar el responsable del departamento de investigación y desarrollo es la de adoptar la estrategia basada en la subcontratación, recurriendo a personal externo cualificado de alta calidad, esperando que los costes asciendan a 772.500 euros.

Ejercicio 17

Una empresa está estudiando la compra de unos terrenos en los que es probable que haya gas. Si encuentra gas, la empresa podrá enajenar los terrenos obteniendo un beneficio de 125.000.000 de euros, o bien explotarlos ella misma en cuyo caso los beneficios dependerán de la demanda, si ésta es alta los beneficios serán de 200.000.000 de euros, en caso contrario, si la demanda es baja los beneficios solo alcanzarán los 75.000.000 de euros. La probabilidad a priori de que la demanda sea alta o baja, es exactamente la misma. En el caso de no encontrar gas en dichos terrenos, la empresa soportará unas pérdidas de 50.000.000 de euros, si bien la probabilidad de encontrar gas según los expertos es del 70%. Determine si la empresa debe o no adquirir los terrenos.

Solución:

Paso 1 - Enumere las diferentes alternativas de decisión.

Comprar los terrenos.

No comprar los terrenos.

Paso 2 - Enumere para cada una de las alternativas de decisión, los estados de la naturaleza asociados a la misma.

Alternativas	Estados de la naturaleza
Comprar los terrenos	Hay Gas en los terrenos No hay Gas en los terrenos
No comprar los terrenos	

Si compra los terrenos y en ellos encuentra gas, debe decidir si revende los terrenos o si por el contrario la empresa prefiere explotar el gas contenido en dichos terrenos, en cuyo caso, la demanda de gas podrá ser alta o baja.

Paso 3 - Explicite el árbol de decisión.

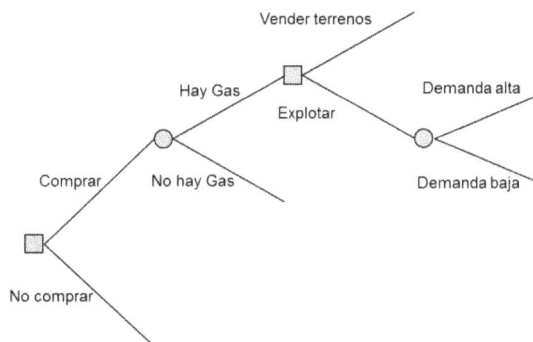

Paso 4 - Asigne las probabilidades *a priori* de cada uno de los estados de la naturaleza.

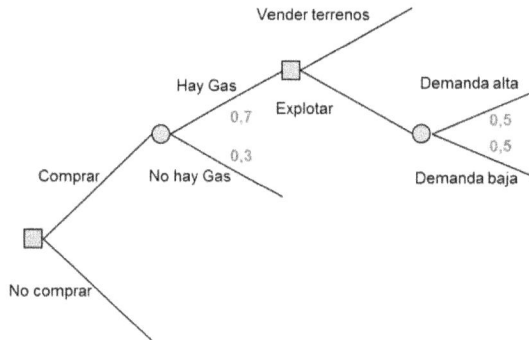

Paso 5 - Calcule el beneficio de cada una de las ramas del árbol.

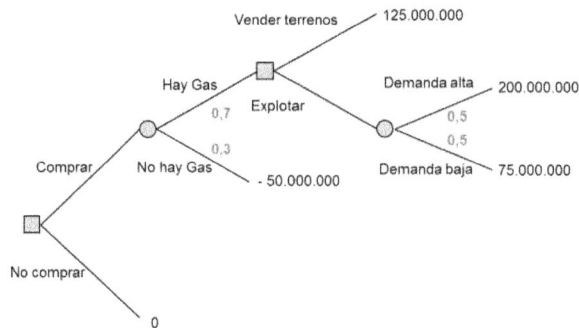

Paso 6 - Resuelva el árbol de decisión de derecha a izquierda. Dado que la etapa final es probabilista debe aplicar el criterio de la esperanza matemática con el objetivo de determinar el beneficio esperado.

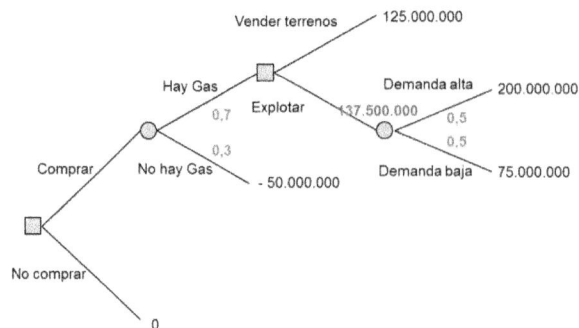

$$(200.000.000 \times 0,5) + (75.000.000 \times 0,5) = 137.500.000 \text{ euros}$$

Paso 7 - Resuelva la etapa anterior. Dado que dicha etapa es determinista y que los valores que ha calculado son beneficios, debe elegir la alternativa cuyo beneficio sea mayor y colocar el resultado encima del nudo correspondiente.

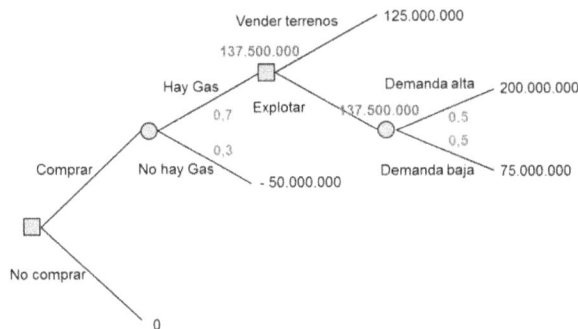

Paso 8 - Resuelva las dos últimas etapas. La etapa penúltima es probabilista por lo que debe aplicar el criterio de la esperanza matemática con el objetivo de determinar el beneficio esperado.

$$(137.500.000 \times 0,7) + ((-50.000.000) \times 0,3) = 81.250.000 \text{ euros}$$

Finalmente resolviendo la última etapa, elige la alternativa cuyo beneficio sea mayor dado que la etapa es determinista y los valores calculados beneficios esperados.

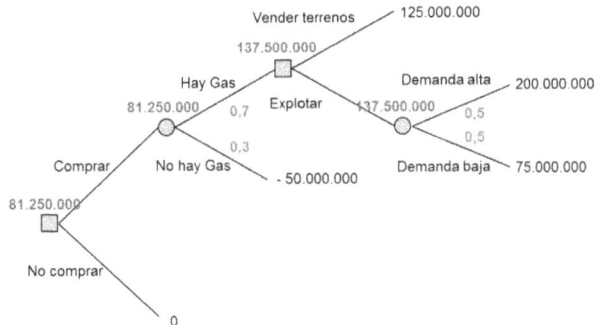

La decisión que debe tomar la empresa es la de comprar los terrenos, esperando obtener unos beneficios de 81.250.000 euros. Si en los terrenos se encuentra gas, la decisión que deberá adoptar la empresa es la de explotar el gas contenido en dichos terrenos.

Ejercicio 18

La siguiente matriz muestra los beneficios para cada alternativa de decisión, así como las probabilidades a priori de cada estado de la naturaleza.

	Estados de la naturaleza			
	Estado 1	Estado 2	Estado 3	Estado 4
Alternativa 1	100	90	-20	-45
Alternativa 2	85	80	10	-20
Alternativa 3	0	70	90	60
Alternativa 4	-30	0	40	65
Alternativa 5	-35	-10	85	120
	15%	30%	10%	45%

Determine la mejor decisión aplicando los criterios:

1. Pesimista.

2. Optimista.

3. Laplace.

4. Pesimista y Laplace a la matriz de costes de oportunidad.

5. Beneficio máximo esperado.

6. Calcule el valor esperado de la información perfecta.

Solución:

1. Criterio pesimista

Maximizar {Mínimo {Beneficio}} = Minimizar {Máxima {Pérdida}}

	Estados de la naturaleza				Mínimo
	Estado 1	Estado 2	Estado 3	Estado 4	{Beneficio}
Alternativa 1	100	90	-20	-45	-45
Alternativa 2	85	80	10	-20	-20
Alternativa 3	0	70	90	60	0
Alternativa 4	-30	0	40	65	-30
Alternativa 5	-35	-10	85	120	-35

Maximizar {Mínimo {Beneficio}} = Máx. {- 45, - 20, 0, - 30, - 35} = 0

Minimizar {Máxima {Pérdida}} = Mín. {- 45, - 20, 0, - 30, - 35} = 0

La decisión óptima siguiendo el criterio pesimista es la alternativa 3.

2. Criterio optimista

Maximizar {Máximo {Beneficio}}

	Estados de la naturaleza				Mínimo
	Estado 1	Estado 2	Estado 3	Estado 4	{Beneficio}
Alternativa 1	100	90	-20	-45	100
Alternativa 2	85	80	10	-20	85
Alternativa 3	0	70	90	60	90
Alternativa 4	-30	0	40	65	65
Alternativa 5	-35	-10	85	120	120

Maximizar {Máximo {Beneficio}}

Máx. {100, 85, 90, 65, 120} = 120

La decisión óptima siguiendo el criterio optimista es la alternativa 5.

3. Criterio Laplace

Criterio de Laplace (Criterio equiprobable): Todos los estados de la naturaleza tienen la misma probabilidad. En este caso los estados de la naturaleza posibles son cuatro: estado 1, estado 2, estado 3 y estado 4. Dado que los estados de la naturaleza son cuatro y que todos deben tener la misma probabilidad (criterio de Laplace), la probabilidad *a priori* de cada uno de ellos es del 100 / 4 = 25%.

	Estados de la naturaleza				Valor esperado
	Estado 1	Estado 2	Estado 3	Estado 4	E[x]
Alternativa 1	100	90	-20	-45	31,25
Alternativa 2	85	80	10	-20	38,75
Alternativa 3	0	70	90	60	55,00
Alternativa 4	-30	0	40	65	18,75
Alternativa 5	-35	-10	85	120	40,00
	25%	25%	25%	25%	

Maximizar {Beneficio esperado}

Máx. {31, 38, 55, 18, 40} = 55,00

La decisión óptima siguiendo el criterio Laplace es la alternativa 3.

4. Pesimista y Laplace a la matriz de costes de oportunidad

Coste de oportunidad: es el coste de no haber elegido la alternativa óptima. Por ejemplo, si se diera el estado 1 resulta evidente que la alternativa óptima que debiera haberse elegido es la alternativa 1 dado que es la que proporciona el máximo beneficio si se da el estado 1, ahora bien, suponga que en lugar de haber elegido la alternativa 1 usted ha elegido la alternativa 2, en este caso en lugar de obtener un beneficio de 100 su beneficio será tan solo de 85, es decir, ha dejado de ganar 85 – 100 = - 15 por no haber elegido la alternativa óptima, éste es pues su coste de oportunidad, en este caso presentado como ejemplo.

Matriz de costes de oportunidad

	Estados de la naturaleza			
	Estado 1	Estado 2	Estado 3	Estado 4
Alternativa 1	0	90	-110	-165
Alternativa 2	-15	-10	-80	-140
Alternativa 3	-100	-20	0	-60
Alternativa 4	-130	-90	-50	-55
Alternativa 5	-135	-100	-5	0
	15%	30%	10%	45%

Aplicando el **criterio pesimista** a la matriz de costes de oportunidad, resulta:

Maximizar {Mínimo {Beneficio}} = Minimizar {Máxima {Pérdida}}

	Estados de la naturaleza				Mínimo {Beneficio}
	Estado 1	Estado 2	Estado 3	Estado 4	
Alternativa 1	0	90	-110	-165	-165
Alternativa 2	-15	-10	-80	-140	-140
Alternativa 3	-100	-20	0	-60	-100
Alternativa 4	-130	-90	-50	-55	-130
Alternativa 5	-135	-100	-5	0	-135

Maximizar {Mínimo {Beneficio}}

Máx. {- 165, - 140, - 100, - 130, - 135} = - 100

Minimizar {Máxima {Pérdida}}

Mín. {- 165, - 140, - 100, - 130, - 135} = - 100

La decisión óptima siguiendo el criterio pesimista es la alternativa 3.

Por su parte, aplicando el **criterio de Laplace** a la matriz de costes de oportunidad:

Criterio de Laplace (Criterio equiprobable): Todos los estados de la naturaleza tienen la misma probabilidad. Dado que en este caso los estados de la naturaleza son cuatro, y que todos deben tener la misma probabilidad (criterio de Laplace), la probabilidad *a priori* de cada uno de ellos es del 100 / 4 = 25%.

	Estados de la naturaleza				Valor esperado
	Estado 1	Estado 2	Estado 3	Estado 4	E[x]
Alternativa 1	0	90	-110	-165	-46,25
Alternativa 2	-15	-10	-80	-140	-61,25
Alternativa 3	-100	-20	0	-60	-45,00
Alternativa 4	-130	-90	-50	-55	-81,25
Alternativa 5	-135	-100	-5	0	-60,00
	25%	25%	25%	25%	

Minimizar {Coste esperado}

Mín. {46, 61, 45, 81, 60} = 45,00

La decisión óptima siguiendo el criterio Laplace es la alternativa 3.

5. Beneficio máximo esperado

Maximizar {Beneficio esperado}

	Estados de la naturaleza				Valor esperado
	Estado 1	Estado 2	Estado 3	Estado 4	E[x]
Alternativa 1	100	90	-20	-45	19,75
Alternativa 2	85	80	10	-20	28,75
Alternativa 3	0	70	90	60	57,00
Alternativa 4	-30	0	40	65	28,75
Alternativa 5	-35	-10	85	120	54,25
	25%	25%	25%	25%	

Maximizar {Beneficio esperado}

Máx. {19, 28, 57, 28, 54} = 57,00

La decisión óptima siguiendo el criterio optimista es la alternativa 3.

6. Calcule el valor esperado de la información perfecta

Paso 1 - Enumere las diferentes alternativas de decisión.

Obtener información adicional **sobre los estados de la naturaleza.**

NO obtener información adicional **sobre los estados de la naturaleza.**

En el caso de que opte por no reunir información adicional, debe decidir que alternativa resulta óptima.

Paso 2 - Enumere para cada una de las alternativas de decisión, los estados de la naturaleza asociados a la misma.

Alternativas		Estados de la naturaleza
Con información		Estado de la naturaleza 1, 2, 3 o 4
Sin información	Alternativa 1	Estado de la naturaleza 1, 2, 3 o 4
	Alternativa 2	Estado de la naturaleza 1, 2, 3 o 4
	Alternativa 3	Estado de la naturaleza 1, 2, 3 o 4
	Alternativa 4	Estado de la naturaleza 1, 2, 3 o 4
	Alternativa 5	Estado de la naturaleza 1, 2, 3 o 4

Obtenida la información, debe decidir que alternativa lleva a cabo, tras lo cual los estados de la naturaleza pueden ser: estado 1, estado 2, estado 3, o estado 4.

Paso 3 - Explicite el árbol de decisión.

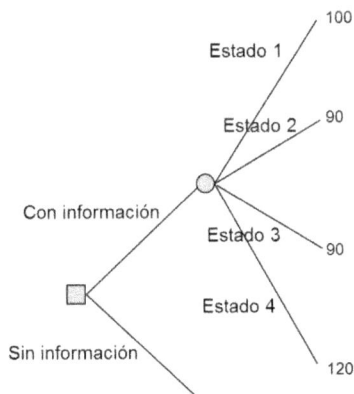

Dado que la información es perfecta, no es necesario explicitar todo el árbol. Por ejemplo, si el informador dice que ocurrirá el estado 1, al tratarse de información perfecta (informador 100% fiable), la alternativa elegida será la 1 dado que es la que proporciona el beneficio mayor para el estado 1, y así sucesivamente para el resto de casos en que el informador diga que se cumplirá el estado 2, 3, o 4.

Paso 4 - Asigne las probabilidades *a priori* de cada uno de los estados de la naturaleza.

La probabilidad *a priori* de cada estado de la naturaleza viene dada en el enunciado del ejercicio.

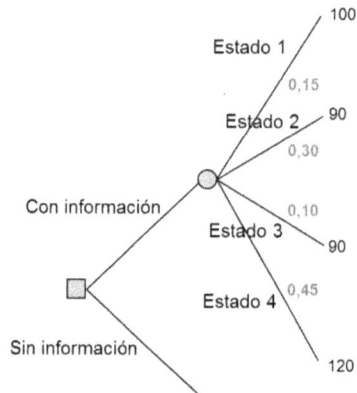

Paso 5 - Resuelva el árbol de decisión de derecha a izquierda. Dado que la etapa final es probabilista debe aplicar el criterio de la esperanza matemática con el objetivo de determinar el beneficio esperado de cada alternativa de decisión.

$$(100 \times 0,15) + (90 \times 0,30) + (90 \times 0,10) + (120 \times 0,45) = 105$$

Coloque el resultado encima del nudo correspondiente.

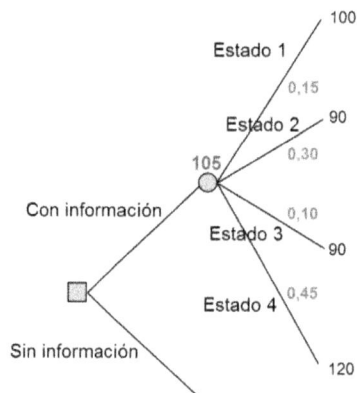

Paso 6 - Resuelva la última etapa, dado que es determinista debe elegir la decisión cuyo beneficio sea mayor. El beneficio esperado sin información lo ha obtenido en el apartado anterior (apartado 5) de este mismo ejercicio.

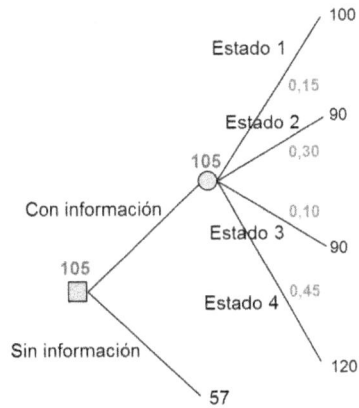

La decisión que debe tomar el empresario es solicitar información adicional, esperando obtener un beneficio de 105 unidades monetarias.

El beneficio esperado con información adicional es de 105, mientras que el beneficio esperado sin información adicional asciende a 57, de donde el valor de la información perfecta asciende a:

$$105 - 57 = 48 \text{ unidades monetarias}$$

Como máximo estaría dispuesto a pagar 48 por dicha información.

Ejercicio 19

Una empresa está considerando la posibilidad de contratar un experto en ingeniería industrial para la planificación de su estrategia de operaciones. Una adecuada planificación supondría a la empresa unos beneficios de 1.000.000 de euros, mientras que si la planificación no fuera correctamente elaborada, la empresa estima unas pérdidas de 400.000 euros. El director industrial estima que la probabilidad de que el experto realice una adecuada planificación es del 75%. Antes de contratar al experto, la empresa tiene la opción de realizar unas pruebas para determinar la idoneidad del candidato, dichas pruebas tienen una fiabilidad del 80% a la hora de determinar el éxito potencial del candidato en la realización de la planificación de las operaciones de la empresa. Determine la decisión óptima para la empresa, así como el coste que puede asumir la empresa por realizar la prueba de idoneidad.

Solución:

Paso 1 - Enumere las diferentes alternativas de decisión.

Contratar **al experto.**

NO contratar **al experto.**

Hacer pruebas **para determinar la idoneidad del candidato.**

Paso 2 - Enumere para cada una de las alternativas de decisión, los estados de la naturaleza asociados a la misma.

Alternativas	Estados de la naturaleza
Contratar al experto	Planificación correcta Planificación incorrecta
No contratar al experto	
Hacer pruebas	Candidato idóneo Candidato no idóneo

Obtenida la información de la prueba, sea ésta que el candidato es o no idóneo, debe decidir si contrata o no contrata al experto, tras lo cual la planificación podrá ser correcta o incorrecta.

Paso 3 - Explicite el árbol de decisión.

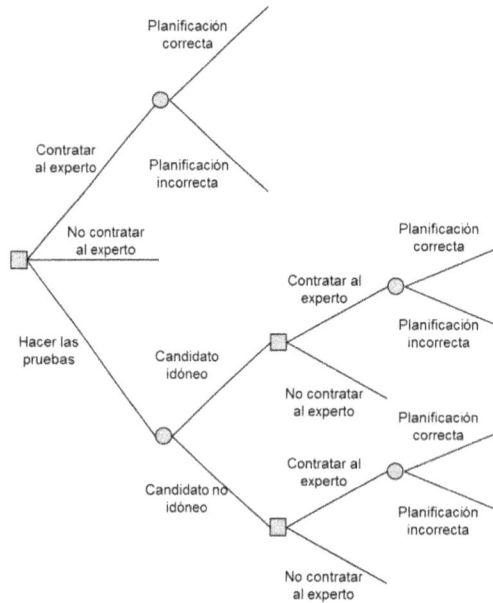

Paso 4 - Asigne las probabilidades de cada uno de los estados de la naturaleza. En este caso se trata de probabilidades a posteriori, por lo que debe utilizar el teorema de Bayes para calcular dichas probabilidades.

Para la aplicación del teorema de Bayes puede utilizar el árbol que se muestra seguidamente. Los estados de la naturaleza son que la planificación sea o no correcta, y los acontecimientos, que el candidato es idóneo o no.

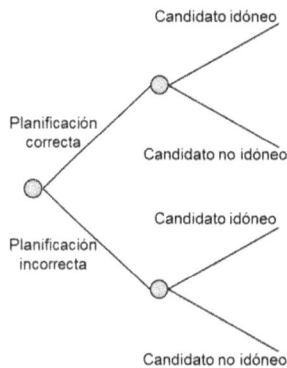

La probabilidad *a priori* de que la planificación sea correcta es del 75%, según el enunciado del ejercicio. De igual forma, según señala el enunciado del ejercicio, las probabilidades condicionales vienen dadas por los siguientes valores:

P(Candidato idóneo / Planificación correcta) = 0,8

P(Candidato no idóneo / Planificación correcta) = 0,2

P(Candidato idóneo / Planificación incorrecta) = 0,2

P(Candidato no idóneo / Planificación incorrecta) = 0,8

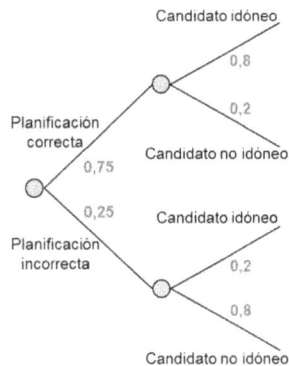

De donde, la probabilidad *a priori* de cada uno de los acontecimientos:

P(Candidato idóneo) = [P(Planificación correcta) x P(Candidato idóneo / Planificación correcta)] + [P(Planificación incorrecta) x P(Candidato idóneo / Planificación incorrecta)] = [0,75 x 0,8] + [0,25 x 0,2] = 0,65

P(Candidato no idóneo) = [P(Planificación correcta) x P(Candidato no Idóneo / Planificación correcta)] + [P(Planificación incorrecta) x P(Candidato no idóneo / Planificación incorrecta)] = [0,75 x 0,2] + [0,25 x 0,8] = 0,35

A continuación, mediante la aplicación del teorema de Bayes determine las probabilidades a posteriori de cada uno de los estados de la naturaleza.

$$P(\text{Planificación correcta / Candidato idóneo}) = \frac{P(\text{Planificación correcta}) \times P(\text{Candidato idóneo / Planificación correcta})}{P(\text{Candidato idóneo})}$$

$$P(\text{Planificación correcta / Candidato idóneo}) = \frac{0,75 \times 0,8}{0,65} = 0,923$$

$$P(\text{Planificac ión incorrecta / Candidato idóneo}) = \frac{P(\text{Planificac ión incorrecta}) \times P(\text{Candidato idóneo / Planificac ión incorrecta})}{P(\text{Candidato idóneo})}$$

$$P(\text{Planificac ión incorrecta / Candidato idóneo}) = \frac{0,25 \times 0,2}{0,65} = 0,077$$

$$P(\text{Planificac ión correcta / Candidato no idóneo}) = \frac{P(\text{Planificac ión correcta}) \times P(\text{Candidato no idóneo / Planificac ión correcta})}{P(\text{Candidato no idóneo})}$$

$$P(\text{Planificac ión correcta / Candidato no idóneo}) = \frac{0,75 \times 0,2}{0,35} = 0,429$$

$$P(\text{Planificac ión incorrecta / Candidato no idóneo}) = \frac{P(\text{Planificac ión incorrecta}) \times P(\text{Candidato no idóneo / Planificac ión incorrecta})}{P(\text{Candidato no idóneo})}$$

$$P(\text{Planificac ión incorrecta / Candidato no idóneo}) = \frac{0,25 \times 0,8}{0,35} = 0,571$$

De donde, el árbol de decisión incluyendo las probabilidades:

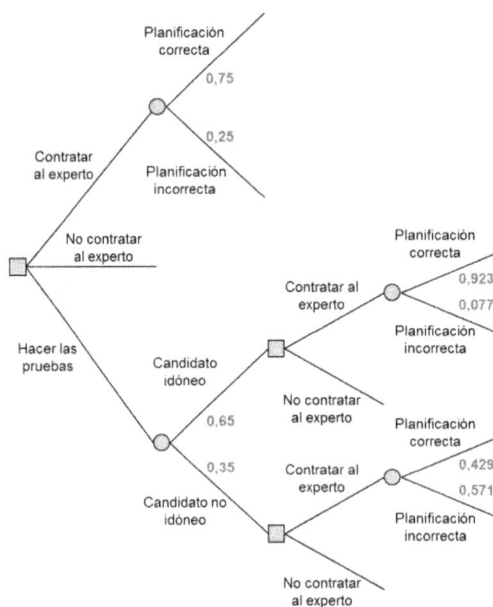

Paso 5 - Calcule el beneficio de cada una de las ramas del árbol.

Los beneficios esperados en cada caso, vienen dados en el enunciado del ejercicio: una planificación correcta supone unos beneficios estimados de 1.000.000 de euros, mientras que una planificación incorrecta presume unas pérdidas de 400.000 euros.

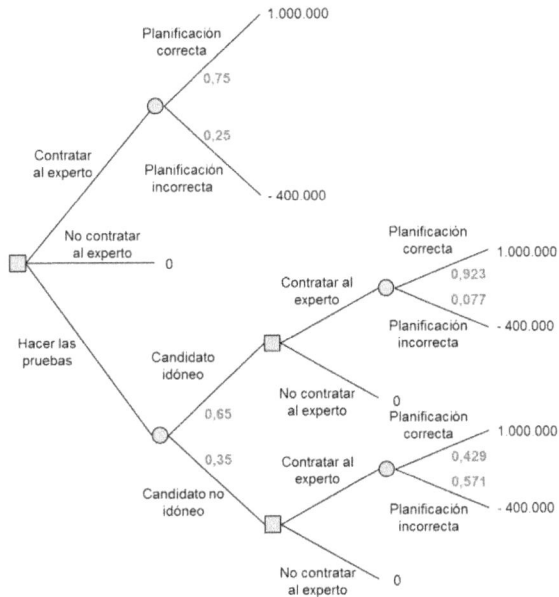

Paso 6 - Resuelva el árbol de decisión de derecha a izquierda. Dado que la etapa final es probabilista debe aplicar el criterio de la esperanza matemática con el objetivo de determinar el beneficio esperado de cada alternativa de decisión.

$$(1.000.000 \times 0,75) + ((- 400.000) \times 0,25) = 650.000 \text{ euros}$$

$$(1.000.000 \times 0,923) + ((- 400.000) \times 0,077) = 892.200 \text{ euros}$$

$$(1.000.000 \times 0,429) + ((- 400.000) \times 0,571) = 200.600 \text{ euros}$$

Coloque estos resultados en el árbol de decisión encima del nudo correspondiente.

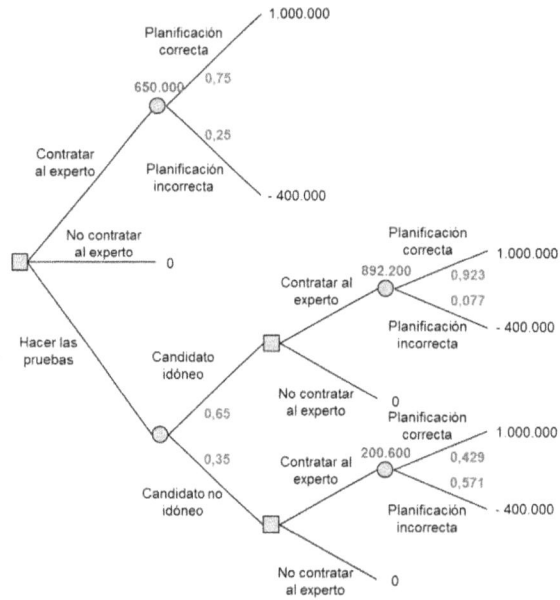

Paso 7 - Resuelva la etapa anterior. Dado que dicha etapa es determinista y que los valores que ha calculado son beneficios, debe elegir la alternativa cuyo beneficio sea mayor y colocar el resultado encima del nudo correspondiente.

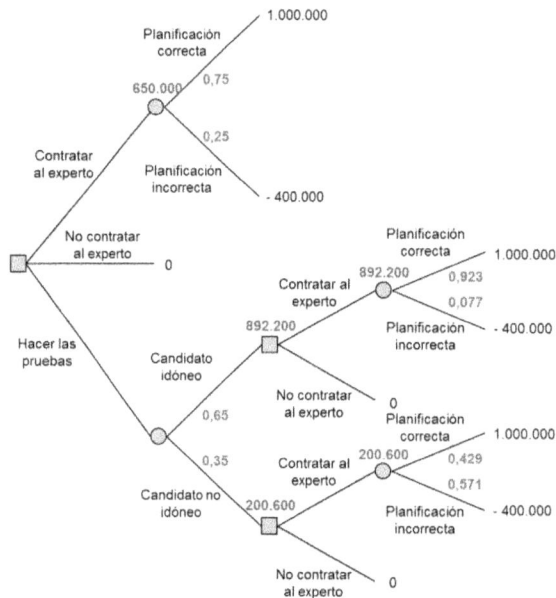

Paso 8 - Resuelva las dos últimas etapas. La penúltima etapa es probabilista por lo que debe aplicar el criterio de la esperanza matemática con el objetivo de determinar el beneficio esperado.

$$(892.200 \times 0,65) + (200.600 \times 0,35) = 650.140 \text{ euros}$$

La última etapa es determinista, debe pues elegir la alternativa cuyo beneficio sea mayor y colocar el resultado encima del nudo correspondiente.

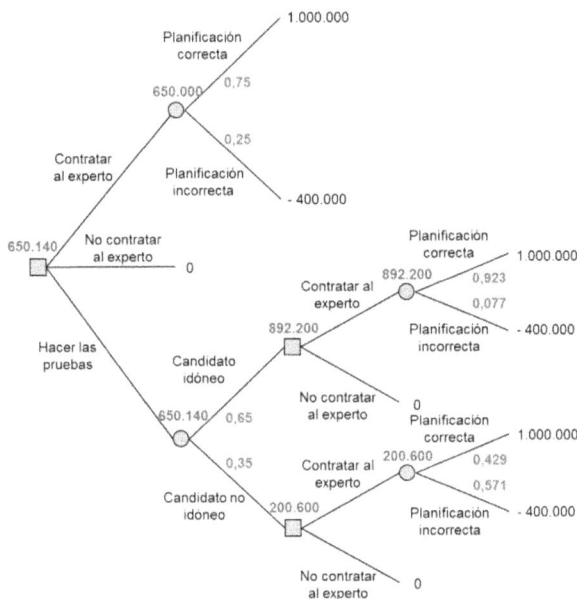

La decisión óptima para la empresa es la de hacer las pruebas para determinar la idoneidad del candidato, en caso de que el candidato sea idóneo debe contratarlo, por el contrario, si el candidato no es idóneo también debe contratarlo. Con esta decisión el beneficio esperado es de 650.140 euros.

El valor de la información = 650.140 – 650.000 = 140 euros es el valor de la información que aportan las pruebas para determinar la idoneidad del candidato. El coste que puede asumir la empresa por realizar las pruebas de idoneidad es de cómo máximo 140 euros.

Ejercicio 20

Una empresa está considerando ampliar sus instalaciones para hacer frente a la demanda de sus productos. Las alternativas de que dispone la empresa son: construir una nueva fábrica, ampliar la fábrica actual, o no hacer nada. Existe un 30% de probabilidades de que la demanda prevista para los próximos años aumente, un 60% de probabilidades de que se mantenga igual, y un 10% de probabilidades de que entre en recesión. Determine la opción más rentable para la empresa, siendo los beneficios estimados los que muestra la tabla.

	Demanda		
	Aumenta	Estable	Disminuye
Construir fábrica nueva	8.000.000	5.000.000	-5.000.000
Ampliar fábrica actual	6.500.000	2.000.000	-3.000.000
No hacer nada	2.000.000	1.000.000	-2.000.000

Solución:

Paso 1 - Enumere las diferentes alternativas de decisión.

Construir una nueva fábrica.

Ampliar la fábrica actual.

No hacer nada.

Paso 2 - Enumere para cada una de las alternativas de decisión, los estados de la naturaleza asociados a la misma.

Alternativas	Estados de la naturaleza
Construir fábrica nueva	Demanda aumenta Demanda estable Demanda disminuye
Ampliar fábrica	Demanda aumenta Demanda estable Demanda disminuye
No hacer nada	Demanda aumenta Demanda estable Demanda disminuye

Paso 3 - Explicite el árbol de decisión.

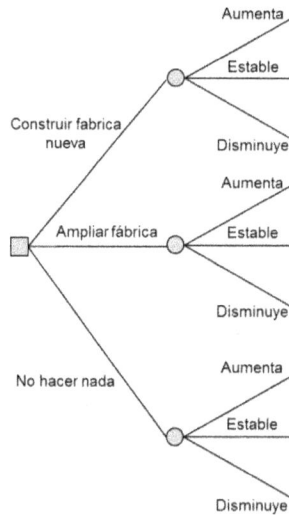

Paso 4 - Asigne las probabilidades *a priori* de cada uno de los estados de la naturaleza.

La probabilidad *a priori* de cada nivel de demanda viene dada en el enunciado del ejercicio: demanda aumente 30% de probabilidades, demanda se mantenga estable 60% de posibilidades, y demanda disminuya 10% de eventualidades.

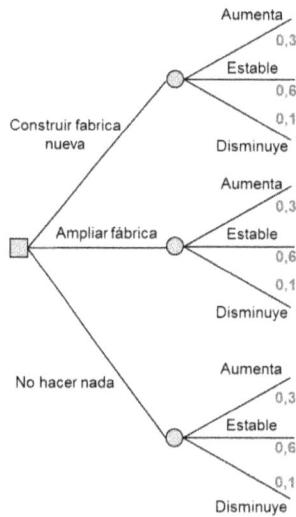

Paso 5 - Calcule el beneficio de cada una de las ramas del árbol.

El beneficio esperado para cada alternativa de decisión y nivel de demanda, viene dado en la tabla del enunciado del ejercicio.

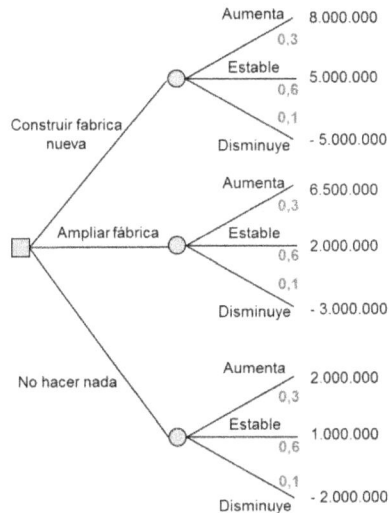

Paso 6 - Resuelva el árbol de decisión de derecha a izquierda. Dado que la etapa final es probabilista debe aplicar el criterio de la esperanza matemática con el objetivo de determinar el beneficio esperado.

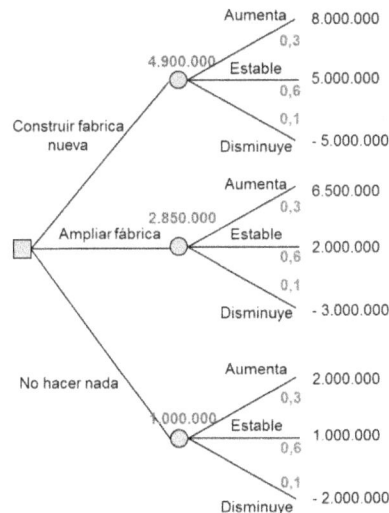

(8.000.000 x 0,3) + (5.000.000 x 0,6) + ((-5.000.000) x 0,1) = 4.900.000 euros

(6.500.000 x 0,3) + (2.000.000 x 0,6) + ((-3.000.000) x 0,1) = 2.850.000 euros

(2.000.000 x 0,3) + (1.000.000 x 0,6) + ((-2.000.000) x 0,1) = 1.000.000 euros

Paso 7 - Resuelva la etapa anterior. Dado que esta primera etapa es determinista y que los valores que ha calculado son beneficios, debe elegir la alternativa cuyo beneficio sea mayor y colocar el resultado encima del nudo correspondiente.

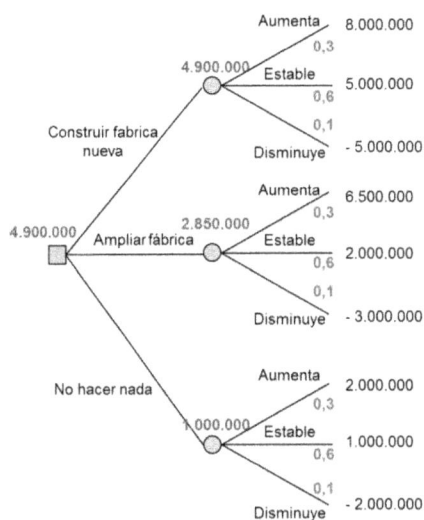

La opción más rentable para la empresa es la de construir una nueva fábrica, esperando alcanzar unos beneficios de 4.900.000 euros.

Ejercicio 21

Una empresa está estudiando el contrato de 600 euros semanales que tiene con su proveedor de servicios de mantenimiento. Desde la firma del contrato la media es de 2,5 averías semanales, entrañando cada fallo un coste de reparación de 1.000 euros. Las averías semanales de la empresa, antes de la firma del contrato, se muestran en la tabla.

Averías	0	1	2	3	4	5	6
Semanas que hubo estas averías	9	10	12	16	24	18	11

Ayude a la empresa a decidir si le conviene o no la renovación del contrato de mantenimiento con su actual proveedor.

Solución:

Paso 1 - Asigne las probabilidades *a priori* de cada uno de los estados de la naturaleza. La probabilidad (frecuencia relativa) de cada estado de la naturaleza viene dado por:

$$\text{Frecuencia relativa} = \frac{\text{Frecuencia absoluta}}{\text{Número de casos}}$$

Siendo el total de casos estudiados:

$$9 + 10 + 12 + 16 + 24 + 18 + 11 = 100 \text{ semanas}$$

Así por ejemplo, en base a la historia pasada, la probabilidad de que en esta empresa se produzcan cero averías en una semana cualquiera es de:

$$\text{Frecuencia relativa} = \frac{\text{Frecuencia absoluta}}{\text{Número de casos}} = \frac{9 \text{ semanas}}{100 \text{ semanas}} = 0,09 \rightarrow 9\%$$

Averías	0	1	2	3	4	5	6
Semanas	9	10	12	16	24	18	11
Probabilidad	0.09	0.10	0.12	0.16	0.24	0.18	0.11

Paso 2 - Calcule el coste del mantenimiento antes y después de la firma del contrato con el proveedor de mantenimiento.

Aplicando el criterio de la esperanza matemática, **el número esperado de averías por semana antes de la firma del contrato**:

$$(0 \times 0,09) + (1 \times 0,10) + (2 \times 0,12) + (3 \times 0,16) + (4 \times 0,24) + (5 \times 0,18) + (6 \times 0,11) = 3,34 \text{ averías/semana}$$

Coste de las reparaciones antes de la firma del contrato:

3,34 averías/semana x 1.000 euros/avería = 3.340 euros/semana

Coste del servicio de mantenimiento actual tras la firma del contrato:

Coste del servicio + Coste de las reparaciones =

600 euros/semana + (2,5 averías/semana x 1.000 euros/avería) = 3.100 euros/semana

A la empresa le conviene renovar el contrato de mantenimiento con su actual proveedor, dado que con él se ahorra:

3340 – 3100 = 240 euros/semana

Ejercicio 22

Una empresa tiene dos opciones:

1. Producir la nueva línea de productos de la que acaba de dar a conocer los prototipos.

2. Antes de iniciar la producción, pedir a los ingenieros de producto que lleven a cabo un análisis del valor de la nueva línea de productos.

Con la primera opción la empresa esperar alcanzar unas ventas de 300.000 unidades con una probabilidad del 30%, y de 150.000 unidades con una probabilidad del 70%, siendo el precio unitario de venta de 600 euros. Por el contrario, si recurre a realizar el análisis del valor de la nueva línea de productos, las ventas esperadas son de 225.000 unidades con una probabilidad del 40%, y de 140.000 unidades con una probabilidad del 60%, siendo en este caso el precio unitario de venta de 900 euros. La empresa estima que el análisis del valor le ocasionará unos costes de 100.000 euros. Indique la decisión óptima que debe tomar la empresa.

Solución:

Paso 1 - Enumere las diferentes alternativas de decisión.

Producir **la nueva línea de productos.**

Análisis del valor **de la nueva línea de productos.**

Paso 2 - Enumere para cada una de las alternativas de decisión, los estados de la naturaleza asociados a la misma.

Alternativas	Estados de la naturaleza
Producir	Vender 300.000 unidades
	Vender 150.000 unidades
Análisis del valor	Vender 225.000 unidades
	Vender 140.000 unidades

Paso 3 - Explicite el árbol de decisión.

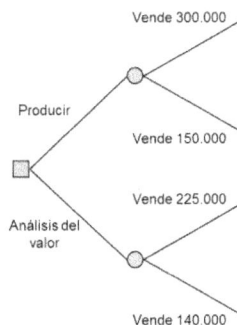

Paso 4 - Asigne las probabilidades *a priori* de cada uno de los estados de la naturaleza.

La probabilidad *a priori* de cada nivel de demanda viene dada en el enunciado del ejercicio: probabilidad del 30% de que la demanda sea de 300.000 unidades, probabilidad del 70% de que la demanda sea de 150.000 unidades, probabilidad del 40% de que la demanda sea de 225.000 unidades, y probabilidad del 60% de que la demanda sea de 140.000 unidades.

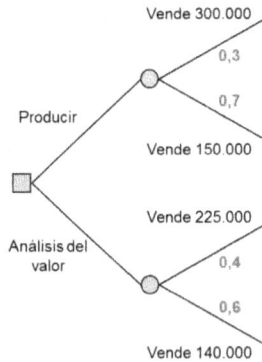

Paso 5 - Calcule el beneficio de cada una de las ramas del árbol.

300.000 unidades x 600 euros/unidad = 180.000.000 euros

150.000 unidades x 600 euros/unidad = 90.000.000 euros

225.000 unidades x 900 euros/unidad = 202.500.000 euros

140.000 unidades x 900 euros/unidad = 126.000.000 euros

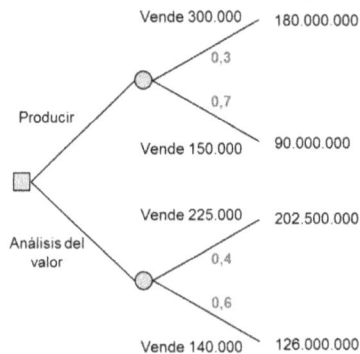

Paso 6 - Resuelva el árbol de decisión de derecha a izquierda. Dado que la etapa final es probabilista debe aplicar el criterio de la esperanza matemática con el objetivo de determinar el beneficio esperado.

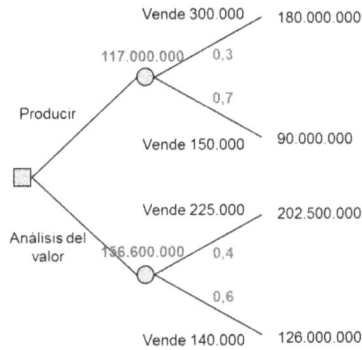

$$(180.000.000 \times 0,3) + (90.000.000 \times 0,7) = 117.000.000 \text{ euros}$$

$$(202.500.000 \times 0,4) + (126.000.000 \times 0,6) = 156.600.000 \text{ euros}$$

Paso 7 - Resuelva la etapa anterior. Dado que esta primera etapa es determinista y que los valores que ha calculado son beneficios, debe elegir la alternativa cuyo beneficio sea mayor y colocar el resultado encima del nudo correspondiente.

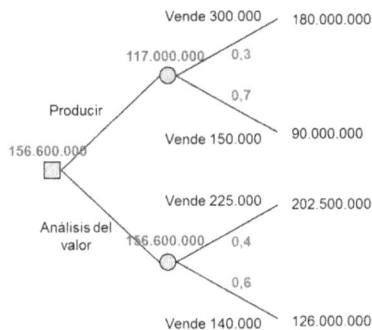

La decisión óptima que debe tomar la empresa es la de llevar a cabo el análisis del valor de la nueva línea de productos, esperando alcanzar unos beneficios de 156.600.000 euros.

Ejercicio 23

La dirección de una empresa dedicada a la fabricación y venta de cremosos helados, se está planteando la compra de una nueva máquina para la fabricación de su nuevo helado de chocolate con el perfil de uno de los participantes en un famoso concurso. Tres son los modelos de la máquina que hay en el mercado en función de la calidad (tipo 1, tipo 2 y tipo 3). Si dicho concursante gana el concurso los beneficios que presume la dirección de la empresa que se alcanzarán son de 70.000, 75.000 y 80.000 euros para cada modelo de máquina, si por el contrario el concursante resulta finalista, pero no ganador del concurso, los beneficios estimados son 65.000, 70.000 y 75.000 euros, pero si dicho concursante es expulsado antes de llegar a la final, los beneficios esperados son tan solo de 55.000, 60.000 y 65.000 euros, respectivamente. La dirección de la empresa, tras una ronda de consultas con familiares, amigos, clientes, etc., estima que la probabilidad de que dicho concursante acabe ganando el concurso es del 10%, que llegue a finalista y no gane el concurso es también del 30%, y que lo expulsen del concurso antes de llegar a la final del 60%. Sugiera a la dirección de la empresa la máquina que debe adquirir.

Solución:

Paso 1 - Enumere las diferentes alternativas de decisión.

Comprar máquina tipo 1.

Comprar máquina tipo 2.

Comprar máquina tipo 3.

Paso 2 - Enumere para cada una de las alternativas de decisión, los estados de la naturaleza asociados a la misma.

Alternativas	Estados de la naturaleza
Tipo 1	Concursante ganador Concursante finalista Concursante expulsado
Tipo 2	Concursante ganador Concursante finalista Concursante expulsado
Tipo 3	Concursante ganador Concursante finalista Concursante expulsado

Paso 3 - Explicite el árbol de decisión.

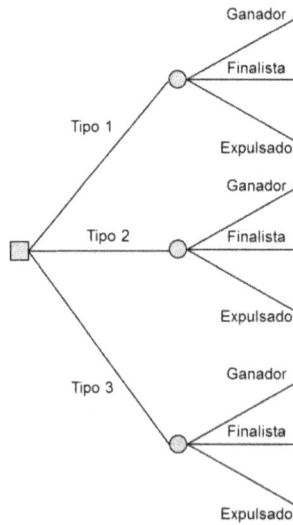

Paso 4 - Asigne las probabilidades *a priori* de cada uno de los estados de la naturaleza.

Las probabilidades *a priori* de cada estado de la naturaleza vienen dadas en el enunciado del ejercicio: probabilidad del 10% de que el concursante resulte ganador, probabilidad del 30% de que el concursante sea finalista, y probabilidad del 60% de que el concursante sea expulsado del concurso.

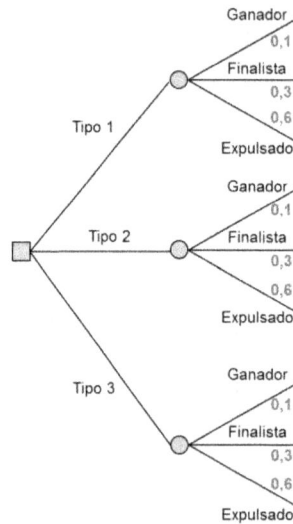

Paso 5 - Calcule el beneficio de cada una de las ramas del árbol.

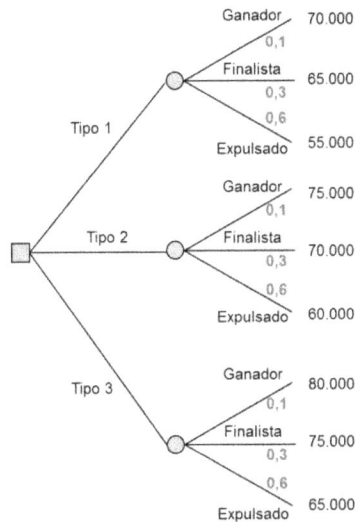

Paso 6 - Resuelva el árbol de decisión de derecha a izquierda. Dado que la etapa final es probabilista debe aplicar el criterio de la esperanza matemática con el objetivo de determinar el beneficio esperado.

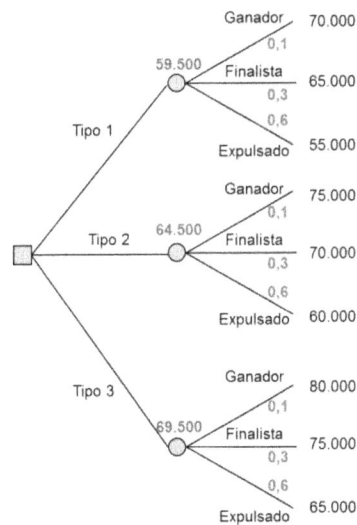

$$(70.000 \times 0,1) + (65.000 \times 0,3) + (55.000 \times 0,6) = 59.500 \text{ euros}$$

$$(75.000 \times 0,1) + (70.000 \times 0,3) + (60.000 \times 0,6) = 64.500 \text{ euros}$$

$$(80.000 \times 0,1) + (75.000 \times 0,3) + (65.000 \times 0,6) = 69.500 \text{ euros}$$

Paso 7 - Resuelva la etapa anterior. Dado que esta primera etapa es determinista y que los valores que ha calculado son beneficios, debe elegir la alternativa cuyo beneficio sea mayor y colocar el resultado encima del nudo correspondiente.

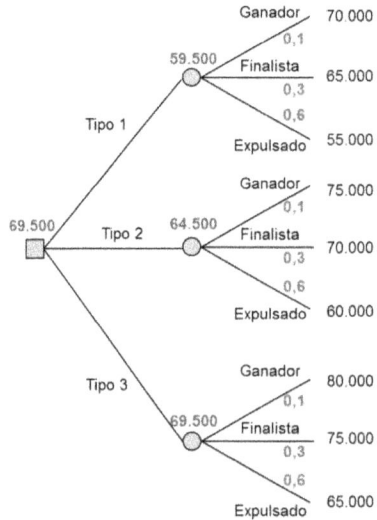

La decisión que debe tomar la empresa es la de comprar la máquina tipo 3, esperando alcanzar unos beneficios de 69.500 euros.

Ejercicio 24

Una empresa está considerando cambiar uno de sus equipos tecnológicamente avanzados, para ello dispone de dos opciones, la primera es comprar dos nuevos equipos idénticos al actual a 200.000 euros cada uno, y la segunda consiste en comprar un nuevo sistema integrado por 800.000 euros. Las ventas estimadas por la empresa a lo largo de la vida útil de cualquiera de sus equipos son de 5.000.000 de euros en el caso de que el mercado sea alcista, a lo que la empresa le asigna una probabilidad de que suceda del 30%, en caso contrario, si el mercado es bajista las ventas esperadas son de 3.500.000 euros. Indique al director de dicha empresa la opción que debe tomar.

Solución:

Paso 1 - Enumere las diferentes alternativas de decisión.

Opción 1.

Opción 2.

Paso 2 - Enumere para cada una de las alternativas de decisión, los estados de la naturaleza asociados a la misma.

Alternativas	Estados de la naturaleza
Opción 1	Mercado alcista
	Mercado bajista
Opción 2	Mercado alcista
	Mercado bajista

Paso 3 - Explicite el árbol de decisión.

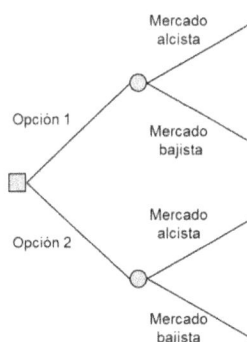

Paso 4 - Asigne las probabilidades *a priori* de cada uno de los estados de la naturaleza.

Las probabilidades *a priori* de cada estado de la naturaleza vienen dadas en el enunciado del ejercicio: probabilidad del 30% de que el mercado sea alcista, y por lo tanto, probabilidad del 70% de que el mercado sea bajista.

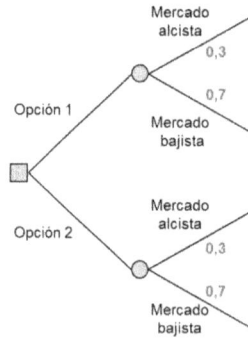

Paso 5 - Calcule el beneficio de cada una de las ramas del árbol.

Beneficio si elige la opción 1 y el mercado es alcista:

$$5.000.000 - 400.000 = 4.600.000 \text{ euros}$$

Beneficio si elige la opción 1 y el mercado es bajista:

$$3.500.000 - 400.000 = 3.100.000 \text{ euros}$$

Beneficio si elige la opción 2 y el mercado es alcista:

$$5.000.000 - 800.000 = 4.200.000 \text{ euros}$$

Beneficio si elige la opción 2 y el mercado es bajista:

$$3.500.000 - 800.000 = 2.700.000 \text{ euros}$$

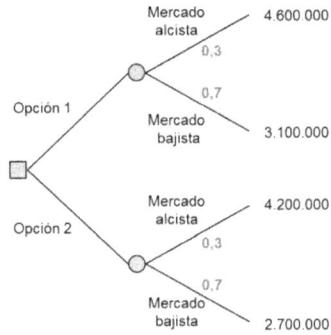

Paso 6 - Resuelva el árbol de decisión de derecha a izquierda. Dado que la etapa final es probabilista debe aplicar el criterio de la esperanza matemática con el objetivo de determinar el beneficio esperado.

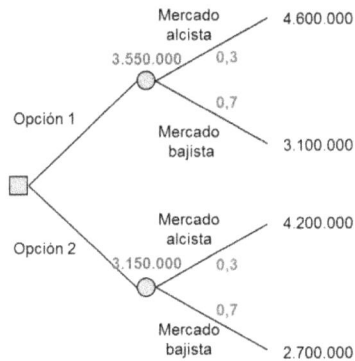

$$(4.600.000 \times 0,3) + (3.100.000 \times 0,7) = 3.550.000 \text{ euros}$$

$$(4.200.000 \times 0,3) + (2.700.000 \times 0,7) = 3.150.000 \text{ euros}$$

Paso 7 - Resuelva la etapa anterior. Dado que esta primera etapa es determinista y que los valores que ha calculado son beneficios, debe elegir la alternativa cuyo beneficio sea mayor y colocar el resultado encima del nudo correspondiente.

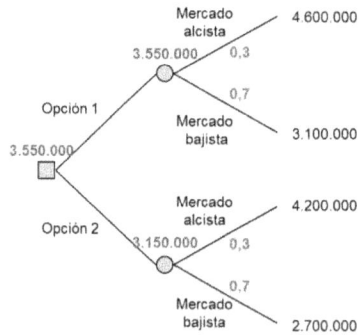

La opción por la que debe decantarse la empresa es la opción 1, consistente en comprar dos nuevos equipos idénticos al actual, con ello se espera alcanzar unos beneficios de 3.550.000 euros.

Federico Garriga Garzón

Federico Garriga Garzón es Doctor Ingeniero Industrial e Ingeniero Industrial especializado en Organización por la Universidad Politécnica de Cataluña (UPC). En la actualidad es profesor del Departamento de Organización de Empresas de la Escuela Técnica Superior de Ingenierías Industrial y Aeronáutica de Terrassa de la UPC.

www.ingramcontent.com/pod-product-compliance
Lightning Source LLC
Chambersburg PA
CBHW051412200326
41520CB00023B/7206

9 788849 406242 1